圖解大人生存指南

擺脫巨嬰、拒當屁孩,成功解鎖「成熟大人」成就,
邁向人生勝利組的十大必修課!(哈)

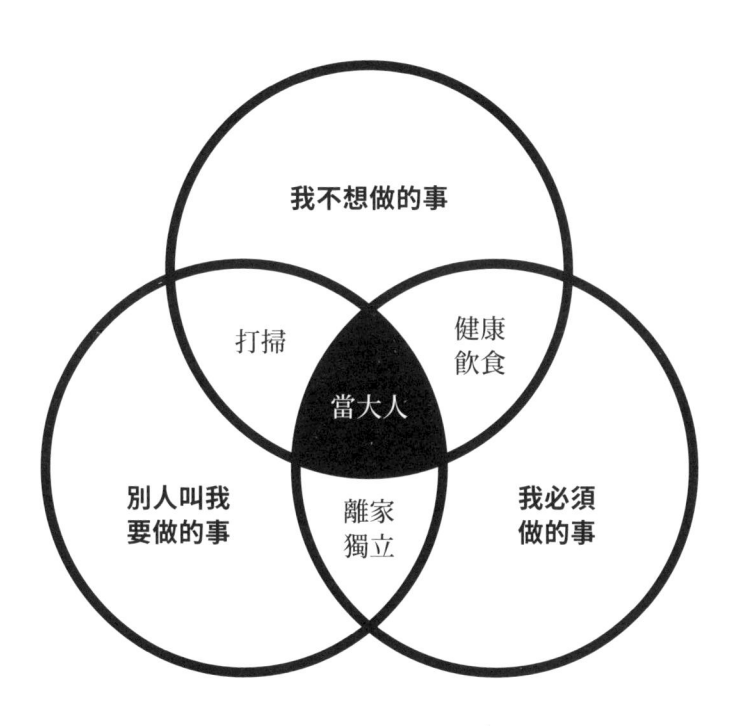

我不想做的事

打掃　　健康飲食

當大人

別人叫我要做的事　離家獨立　**我必須做的事**

史蒂芬・懷迪(Stephen Wildish)——著　　朱崇旻——譯

嗚嗚我不行……

是誰讓我當大人的啦？
人家就是不會嘛！

當大人（Adulting）【動詞】：
從事大人的行為，並負擔工作、繳房租或洗衣服等責任。「當大人」一詞的使用者，其實有50%的時間還像個大屁孩。

――――

目次

Contents

Introduction 前言	1
1. Bed 床	17
2. Work 工作	29
3. Social Media 社群媒體	53
4. Household Tasks 做家事	69
5. Grooming 整理儀容	85
6. Conversations 對話	99
8. Finances 財務	115
9. Food 食物	131
10. Drink 酒	151
Afterword 後記	173

前言

Introduction

前言
Introduction

當大人到底是什麼意思?你什麼時候才算大人?我是要怎麼當大人?你要我乖乖看完這一頁,都不打開社群媒體,那是要了我的命吧?

在身體上,大人就是完全長大或發育成熟的人。在社會上,大人就是經濟獨立(有份工作)、生活獨立(不窩在爸媽家裡),還有負責任(有能力做明智的決定)。

在法律上,你從18歲開始就算大人了,不過「大人」也可以是一種心態。你看看,現在竟然有一些小屁孩在經營公司──人家的「大人」等級可是比你還高,你都被比下去啦!

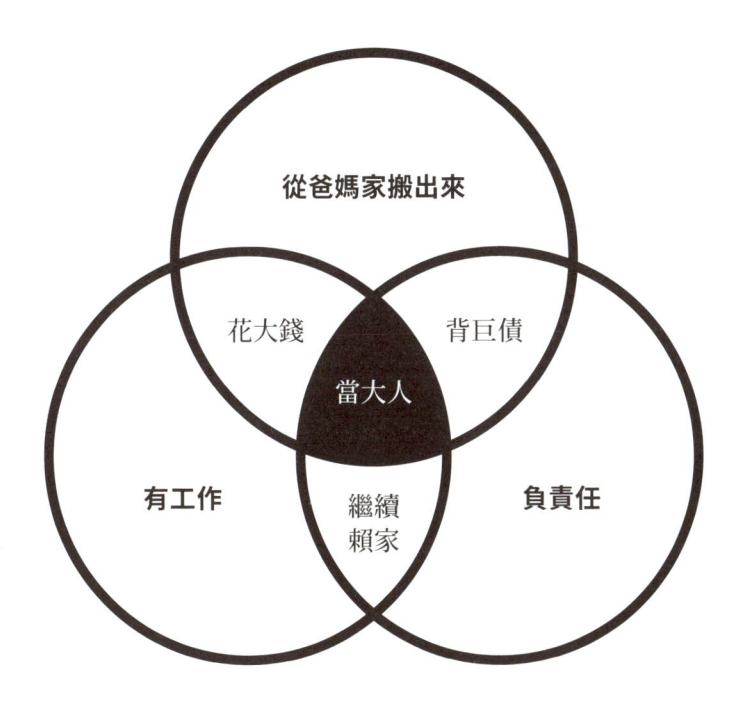

前言

```
        從爸媽家搬出來

   花大錢         背巨債
         當大人
  有工作         負責任
        繼續
        賴家
```

青少年時期逐漸延長

為什麼現在就是有些人一直長不大啊?想知道問題的答案,就來看看「青少年時期」的簡史吧:

1850年代:在1850年,人們的平均壽命大概只有40歲,快樂的童年才那麼幾年。你不想早早升天是吧?那還不快給我長大。

1950年代:青少年誕生了。1950年代的青少年都要玩個咆勃爵士樂、噪音爵士樂,還有騎著擦得光亮的輕型機車滿街跑,在那邊胡搞瞎搞5年以後,他們就發現是時候長大啦。

現代:現在有一種現象,那就是青少年時期越拖越長,一些快30歲的生活白痴到現在連柔軟精是什麼都搞不清楚,更不知道燉飯正確的調味方法。

奔向3字頭就像……

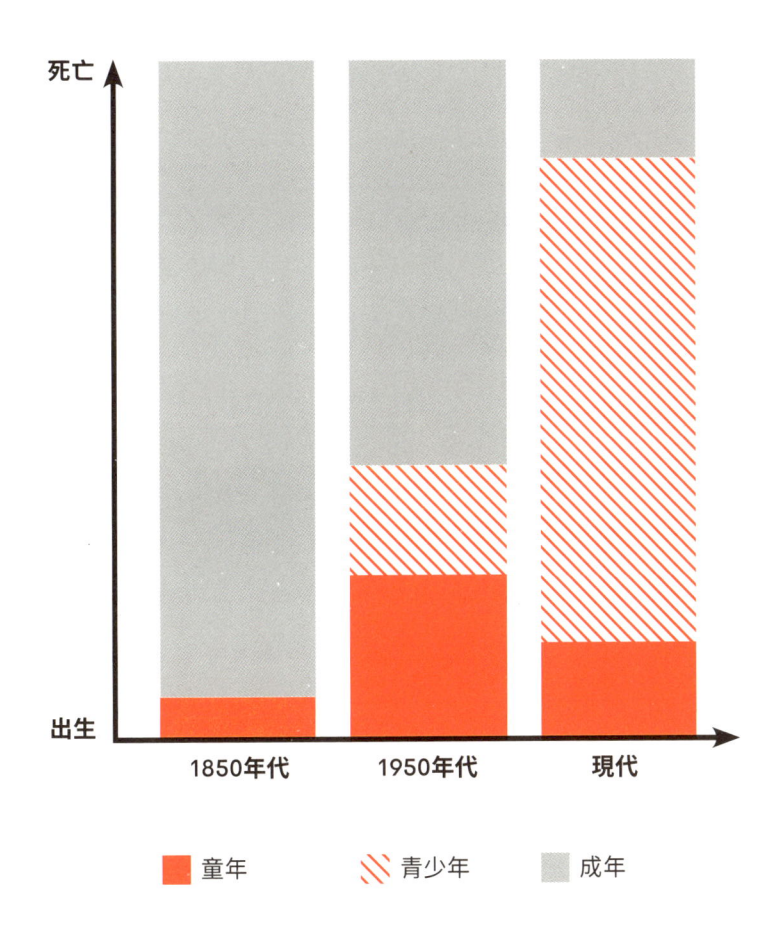

前言

死亡

出生　　　1850年代　　　1950年代　　　現代

■ 童年　　　⧸ 青少年　　　▨ 成年

圖解大人生存指南

唬爛金句：再看 一集影集 就好

#1

JUST ONE MORE EPISODE

前言

唬爛金句：再吃 一片披薩 就好

#2

JUST ONE MORE SLICE OF PIZZA

從爸媽家搬出來

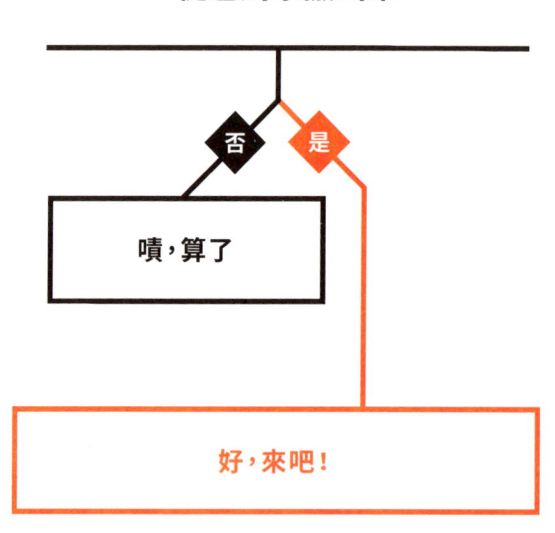

- 否 → 嘖,算了
- 是 → 好,來吧!

你朝「當大人」這個方向邁出了第一步，結果發現自己是小廢物，
什麼有用的事情都不會做。

你以為真正的大人是怎麼當的？快學起來啊：

1. 控制情緒
他們遇到麻煩事會想辦法處理，才不會在那邊崩潰發瘋。

2. 有目標
他們設定了人生目標，而且不是那種「突破遊戲高分紀錄」或「揪損友們講幹話」之類的北七目標。告訴你，大人最要緊的人生目標之一，就是出門購物時記得帶上環保袋。

3. 有主見
就算只想大白天穿著睡衣看電視，他們也不會真的整天擺爛，人家是會認真想辦法解決問題的。

4. 做明智的決定
這可以是重大的財務決策，也可以是「在像樣的時間去躺好睡覺」這種簡單的決定。

5. 保持整潔
他們會洗衣服、打掃自己的家，還有注意個人衛生，不會把自己搞得像沒人顧的荒地一樣髒兮兮的。

大人活動的等級

你以為當大人是可以一步到位的嗎?我們都得一小步一小步前進,才有可能成功當上大人。讀完這本書以後,你可能還會捨不得脫下可愛讀獨角獸睡衣,也沒希望搖身變成英格蘭銀行的老闆,但希望你至少能從床上爬下來,去吃一碗沙拉。

大人也是有分級的,最超凡的等級,好像就是要跟其他大人一起聊什麼浮動利率抵押貸款、印花稅的來龍去脈,反正就是那些讓人滿頭問號的事情。

> 你這個頭腦簡單的小笨蛋~!是不是連財務報表中的「權益」和「應計」都傻傻分不清楚啊?

大人等級 ↑

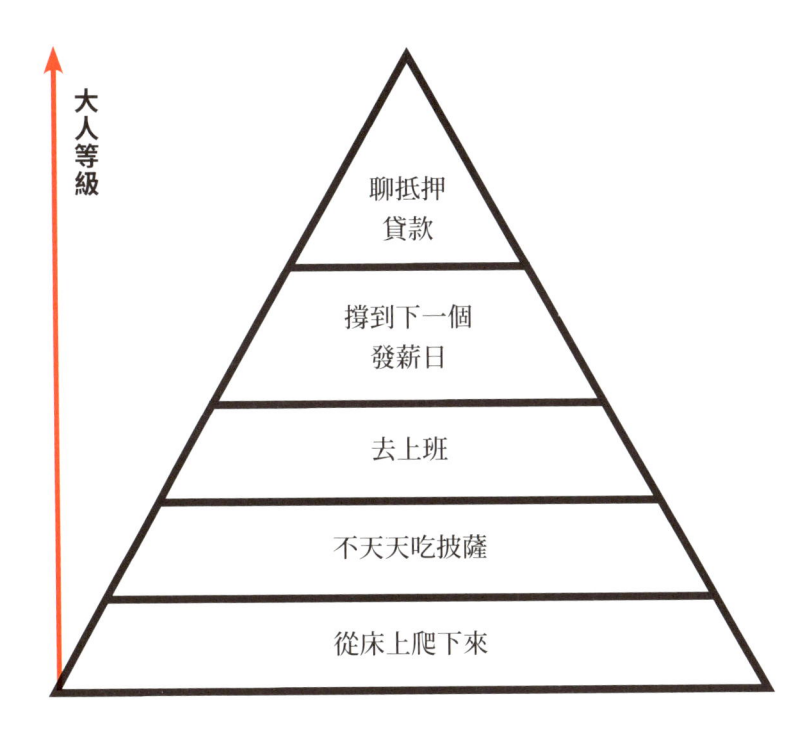

- 聊抵押貸款
- 撐到下一個發薪日
- 去上班
- 不天天吃披薩
- 從床上爬下來

我想當小孩啦

面對困難的時候,我們都想把爛攤子甩給別人,像小時候那樣依賴他人。當我們在大人的世界裡過不下去了,通常就會撤回被窩裡,開始失控鬧脾氣,把玩具通通從嬰兒車上丟出去。

最壞的情況下,你甚至可能整個下午都躲在儲物間裡,不然就是整天用吸管喝琴酒。

可是你要想達成任何成就、實現任何願望,或是理解大人的世界,那就得長大。還不放下手機,把YouTube關掉,趕緊振作起來──我們這就來學學怎麼當大人。

前言

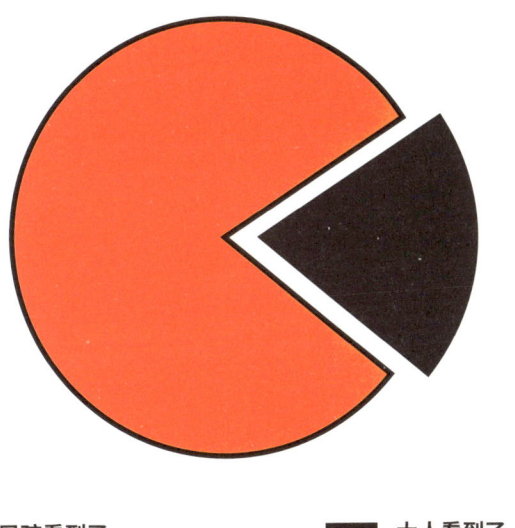

■ 屁孩看到了
小精靈（Pac-Man）遊戲

■ 大人看到了
圓形統計圖表

給我振作點

拍掉身上的灰塵,放下以前嘗試當大人卻大失敗的慘痛經驗,現在是時候來想想對策了。

你要做的不只是振作起來,還得一直保持振作,否則你可能很快又會跌個狗吃屎(然後就只能泡在屎裡出不來囉)。

要怎麼振作起來呢?這時候,你就得改變自己的生活。先別衝動,別急著去報名馬拉松。我們先從一些小地方做起:稍微整理環境,穿上乾淨的衣服。一步一步往前走,我們總有一天能走到跑馬拉松那一步的。

你保持振作的時間越長,就越有機會在大人的世界裡生存下來。

> 我跌了個狗吃屎。就連床上都是屎。

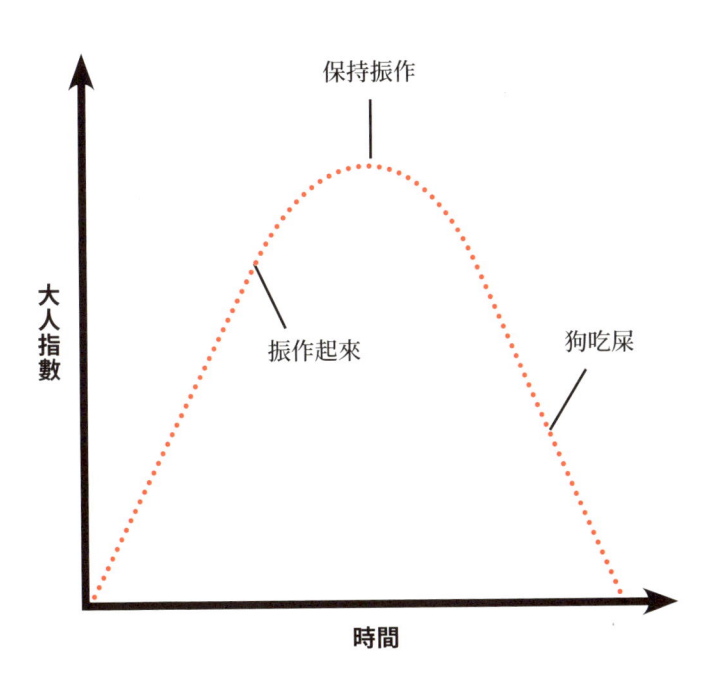

前言

大人指數 / 時間

振作起來
保持振作
狗吃屎

第一章：床

Chapter 1
Bed

床
Bed

對努力當大人的人們來說,床是一個讓人又愛又恨的地方,他們晚上說什麼也不肯躺上床,早上又說什麼也不肯下床。問題是,他們這樣生活,就永遠不可能一天睡滿8小時。你以為睡不飽也沒關係嗎?錯了,一個人如果睡了一夜好覺,隔天起床就能成功度過一天;如果昨晚沒睡好,等你今天過完,你可能已經變成躲在毯子下面不敢出來的小廢物了。

大人會把一週時間區分成「明天有事」和「週末」兩大類。「明天有事」就表示你明天得早早起床,做一些負責任的事情。舉個例子,如果「明天有事」,今晚就別上酒吧,還是在家裡喝杯熱可可,早點洗洗睡比較保險。

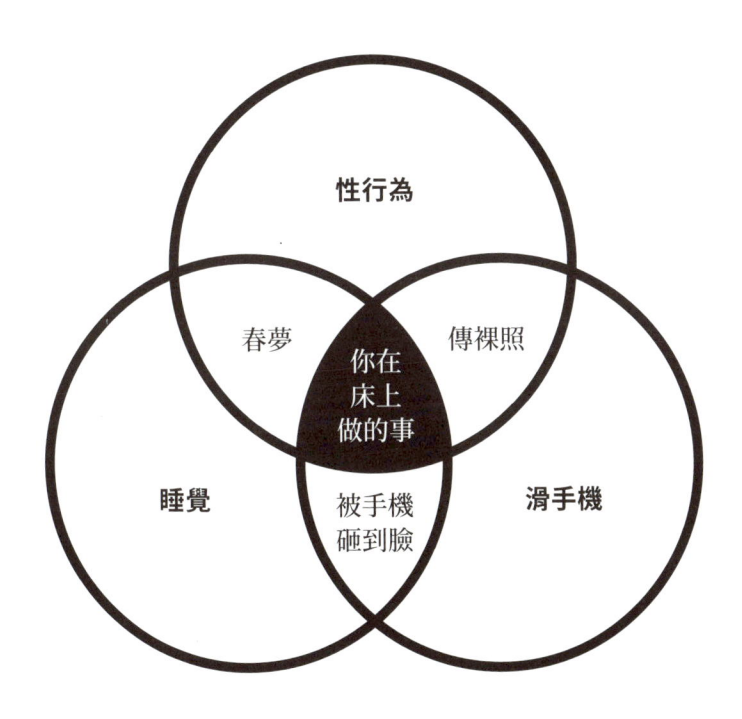

第一章：床

性行為

春夢　　傳裸照

你在床上做的事

睡覺　　滑手機

被手機砸到臉

上床

大人都有固定的睡覺時間,他們會選擇躺上床,而不是醒著吃喝玩樂。

當你躺在床上時,身體通常都累了,可是腦子卻充滿了各種莫名其妙的想法。這時候你可能會想用手機和平板讓自己分心,努力不去想那些煩心事,但手機和平板就只能讓你分心而已,並沒有幫你入睡的效果。你可能想說看個最新的北歐犯罪驚悚劇,結果隨隨便便就看了好幾集,也可能坐在那邊看搞笑貓貓影片,一回神就已經是凌晨3點了。

如果連你的裝置都發現你不間斷地看了5集連續劇,開始譴責你,那就表示你麻煩大了。

你的裝置說	裝置實際上想說的是
「你還在觀看嗎?」	「喂,拜託你別再看啦!」

第一章：床

下床

成功下床的第一步，就是下床。

你為什麼會下不了床呢？最主要的原因是，你沒有醒來。有些人會設定好幾個鬧鐘，有些人會把鬧鐘放在離床比較遠的抽屜裡，反正你不要按下「貪睡」鍵就對了。

假如你設法把自己從床上挖起來了，那就是時候摺被子了！只要把被子摺好，你就能開開心心地開啟新的一天，就連神仙保母瑪麗‧包萍（Mary Poppins）看了都會嫉妒你。這是很簡單的一份任務，你只要花幾分鐘就能完成本日第一項任務了。成就達成！

唬爛金句：我今晚 一定會 早睡

#3

I'LL GO TO BED EARLY TONIGHT

第一章：床

唬爛金句：我明天 一定會 早起

#4

I'LL GET UP EARLY TOMORROW

大人的睡眠模式

大人都可以早早躺上床，一躺下就直接睡著。早上聽到鬧鐘，就會清醒地下床，過上24克拉閃閃發光的大人生活。

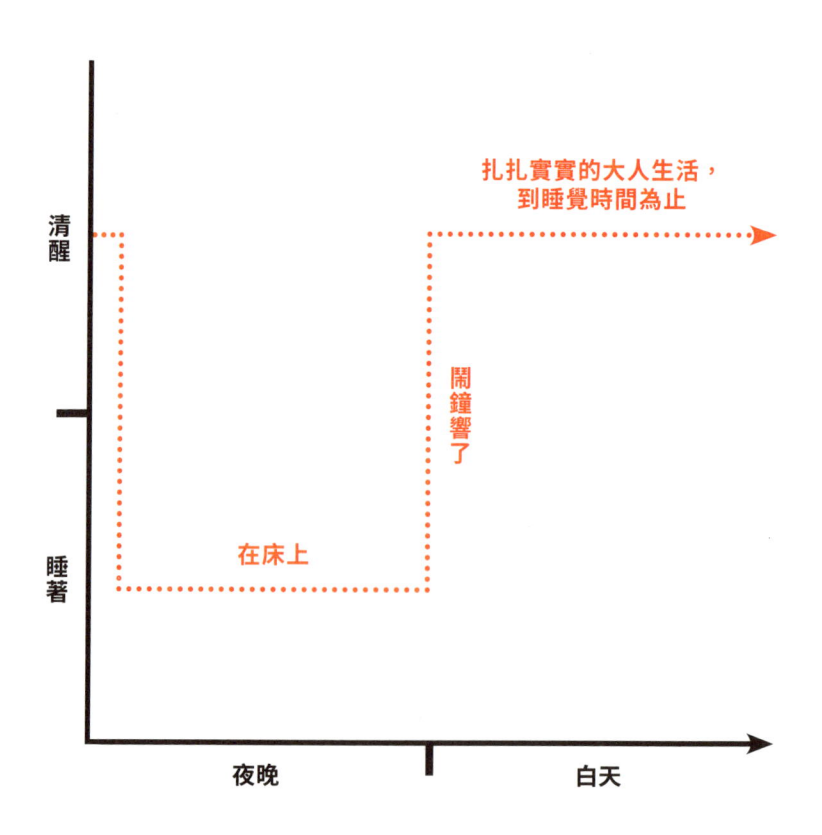

```
清                    ┊         扎扎實實的大人生活，
醒   ┊┈┈┈┈┈┈┈┈┈┈┈┈┈┈┈┈┈┊         到睡覺時間為止
     ┊                ┊ ────────────────────────▶
     ┊                ┊
     ┊                ┊
     ┊                ┊ 鬧
     ┊                ┊ 鐘
     ┊                ┊ 響
     ┊                ┊ 了
     ┊                ┊
睡   ┊      在床上     ┊
著   └┈┈┈┈┈┈┈┈┈┈┈┈┈┈┈┈┘
     ────────────────┼─────────────────▶
          夜晚               白天
```

第一章:床

屁孩的睡眠模式

屁孩半夜1點30分還癱在沙發上追劇,根本沒有要去睡覺的意思。他們會在中午左右慢慢醒來,看一些白天的電視節目,然後在下午睡個午覺,接著繼續癱在沙發上。

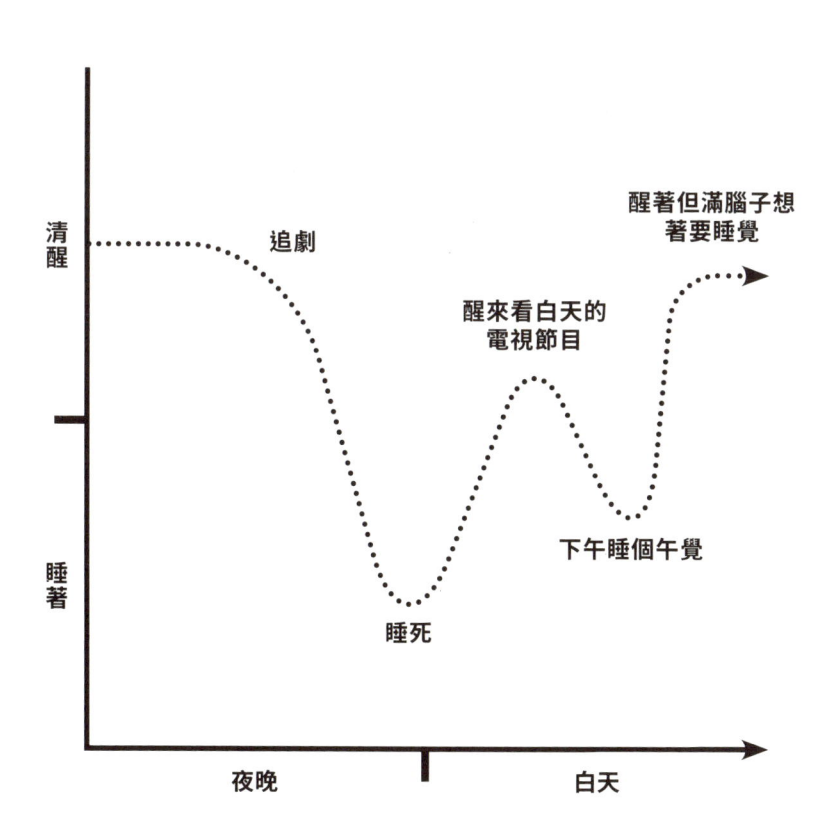

清醒 ······ 追劇

醒著但滿腦子想著要睡覺

醒來看白天的電視節目

下午睡個午覺

睡著

睡死

夜晚　　白天

大人的睡眠模式

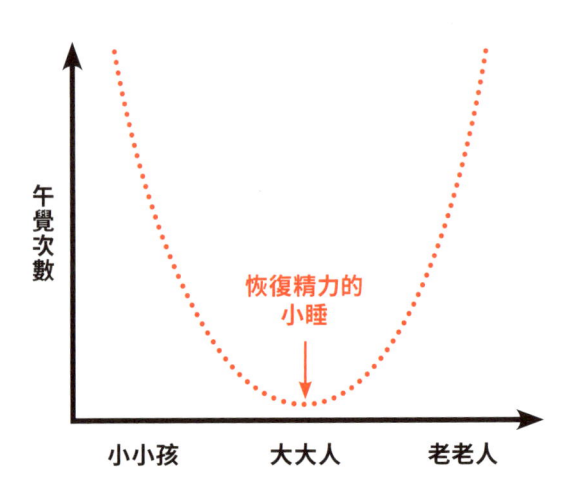

(圖表：X軸為小小孩、大大人、老老人；Y軸為午覺次數；標註「恢復精力的小睡」)

午覺是白天短時間的睡眠，小孩子和老人家都常常睡午覺，不過多數大人很少睡午覺，甚至完全不睡午覺。最主要的例外是星期天，中午吃完豐盛的烤肉大餐後，一種「午睡感」會兜頭罩在大人的腦袋上，這時候你還是放棄抵抗吧。

大人還有另一種午睡方式，他們會把這種午睡叫作「恢復精力的小睡」，說得一副睡覺還可以維持生產力的樣子。這種午睡其實對人有幫助，只要睡大約30分鐘，就可以提升腦功能，還會讓你感覺更清醒。可是這時候你要注意，要是睡超過半小時，你可能會陷入深眠，一整天就這樣莫名其妙睡掉了。

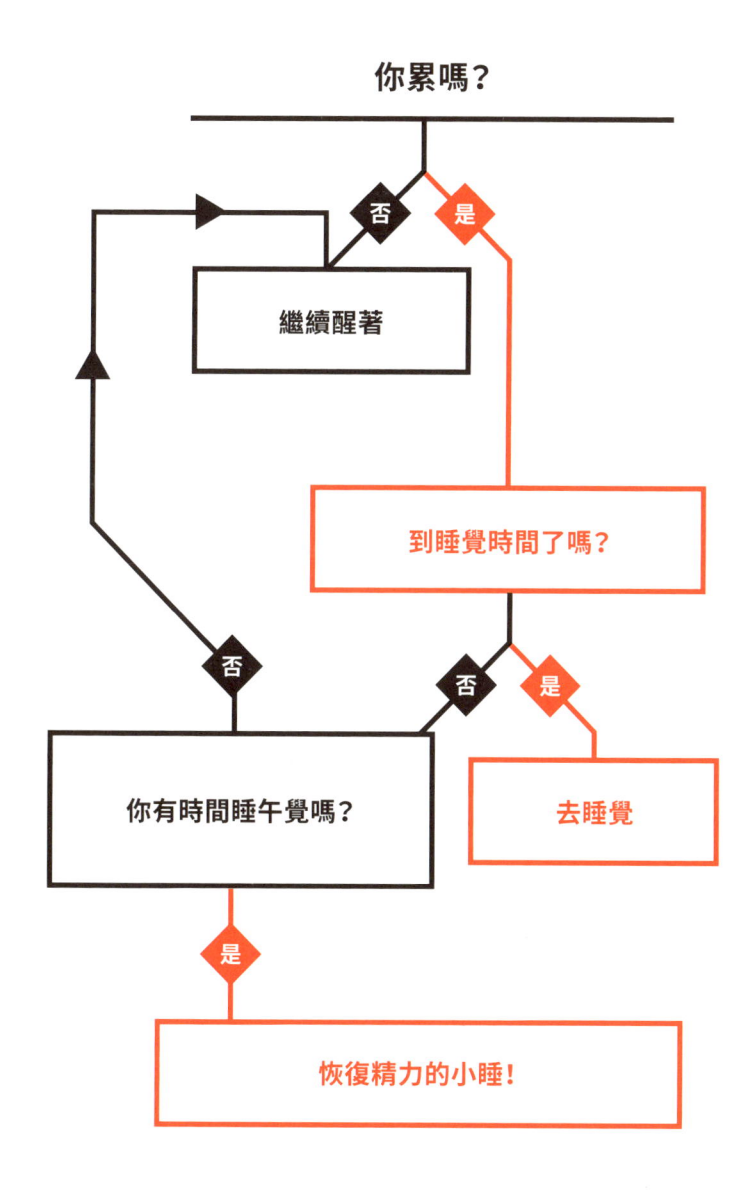

第一章：床

你累嗎？

否 → 繼續醒著

是 → 到睡覺時間了嗎？

否 → 你有時間睡午覺嗎？

否 → 繼續醒著

是 → 去睡覺

是 → 恢復精力的小睡！

27

第二章：工作

Chapter 2
Work

工作
Work

大人就是要有一份穩定的工作,這是大人生活的必備條件。有了工作,你才可以經濟獨立,不用整天跟別人要錢,週末還可以把賺來的錢用來吃喝玩樂。

假如你找到一份薪水不錯、你也喜歡的工作,那就是中大獎了。假如你沒找到錢多又有趣的工作,那就只能跟我們其他人一樣,努力熬過工作日了囉。

好想躺平。

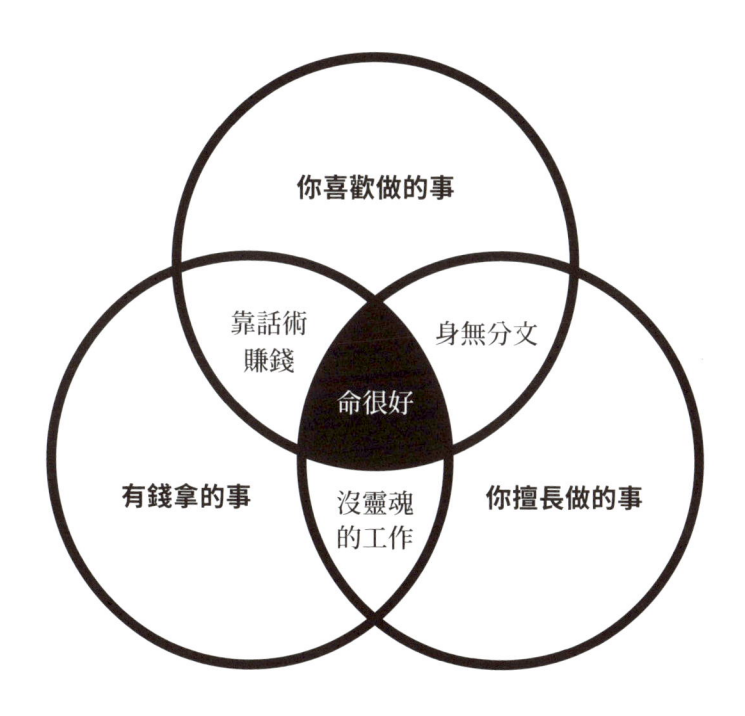

第二章：工作

```
            你喜歡做的事

     靠話術            身無分文
     賺錢
            命很好

  有錢拿的事   沒靈魂    你擅長做的事
            的工作
```

找工作

你如果是在裝大人,那去面試工作的時候一定會壓力極大,因為面試基本上就是在測驗你的大人等級。記得要做自己,除非你的「自己」就是笨蛋——那你還是努力做個正常人好了。

面試官會問你:「你有什麼專長?」這時候你要盡量說出一些很正面、很大人的回答,例如:「我很吃苦耐勞,擅長團隊合作,也最喜歡接受挑戰了。」你絕對不能跟面試官說:「我可以1分鐘吃7根熱狗。」這當然也讓人印象深刻,可是人家要招募的並不是大胃王。

反過來說,要是人家問你有哪些缺點,你也要盡量說得正面一點,例如:「我有時候會太努力工作,還有點完美主義。」你當然不能跟他們說:「我喜歡挖鼻屎還有聞自己的臭屁。」你是哪來的野蠻人,也太噁心了吧!

第二章：工作

別這樣說	應該說
我這個人零技能	我很積極學習
我可以去拉屎嗎？	抱歉，我能借用洗手間嗎？
你們公司是幹嘛的啊？	能幫我介紹一下你們的產業嗎？
你們對偷懶假有什麼看法？	你們有彈性工時嗎？
我很會偷偷摸摸	我很機智
我ㄊㄇㄉ出口成髒	我其中一個關鍵技能是創意語言
什麼？!	能麻煩你重複剛剛的問題嗎？

通勤

上下班路上,你還得自己想出一套精神勝利法。大眾運輸有時候又吵又臭又不舒服,而且你一路上都得避免和路人、其他通勤族、還有變態互動(有時候甚至會受到三合一攻擊)。

假如你開車上下班,可以利用在車上的時間給自己一些精神鼓勵,做好等等和大人互動的心理準備。為了確保安全,拜託不要在開車時用後照鏡化妝,或是在車上吃早餐(尤其是碗裝的麥片牛奶)。

不管你是怎麼通勤,都要抓好行程的時間。上班最好多抓個10分鐘彈性時間。你如果每天固定遲到,又說不出什麼好藉口,那也太遜了。

第二章：工作

大眾運輸通勤的精神勝利法，包括：

戴耳機

耳機是你和外界之間的物理屏障，你可以聽舒緩的音樂、心靈勵志類有聲書，或是白噪音也好。

看報紙

選一份有腦袋的報刊吧。別擔心，每一份報紙都有卡通圖的。

打開筆電「工作」

假裝自己在用筆電做一些要緊的工作，實際上是玩接龍。你也可以打開Word文件，隨便寫一些胡言亂語，讓自己顯得很正經。

和其他通勤族聊天

最好是啦，這裡只是想看看你有沒有專心閱讀而已。

喝飲料

坐火車的時候，大人可以在上班路上喝咖啡，回家路上喝酒，可是絕不能反過來喔！

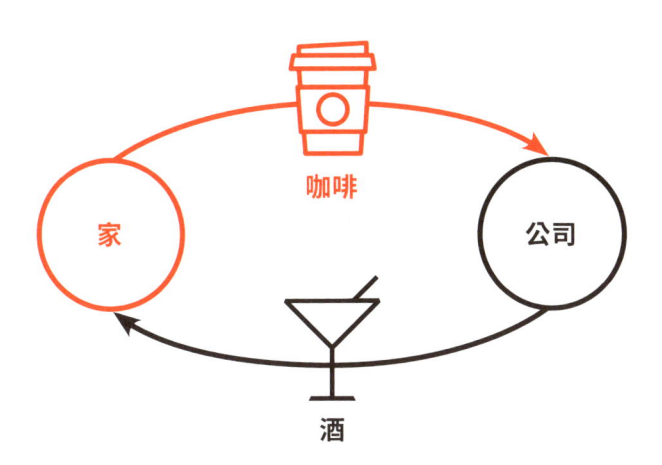

你要選哪一種通勤方法？

```
你有精神嗎？
```

否 / 是

是 → 辦公室有淋浴間嗎？

有大眾運輸可到工作地點嗎？

否 / 是

是 → **搭乘大眾運輸**

第二章：工作

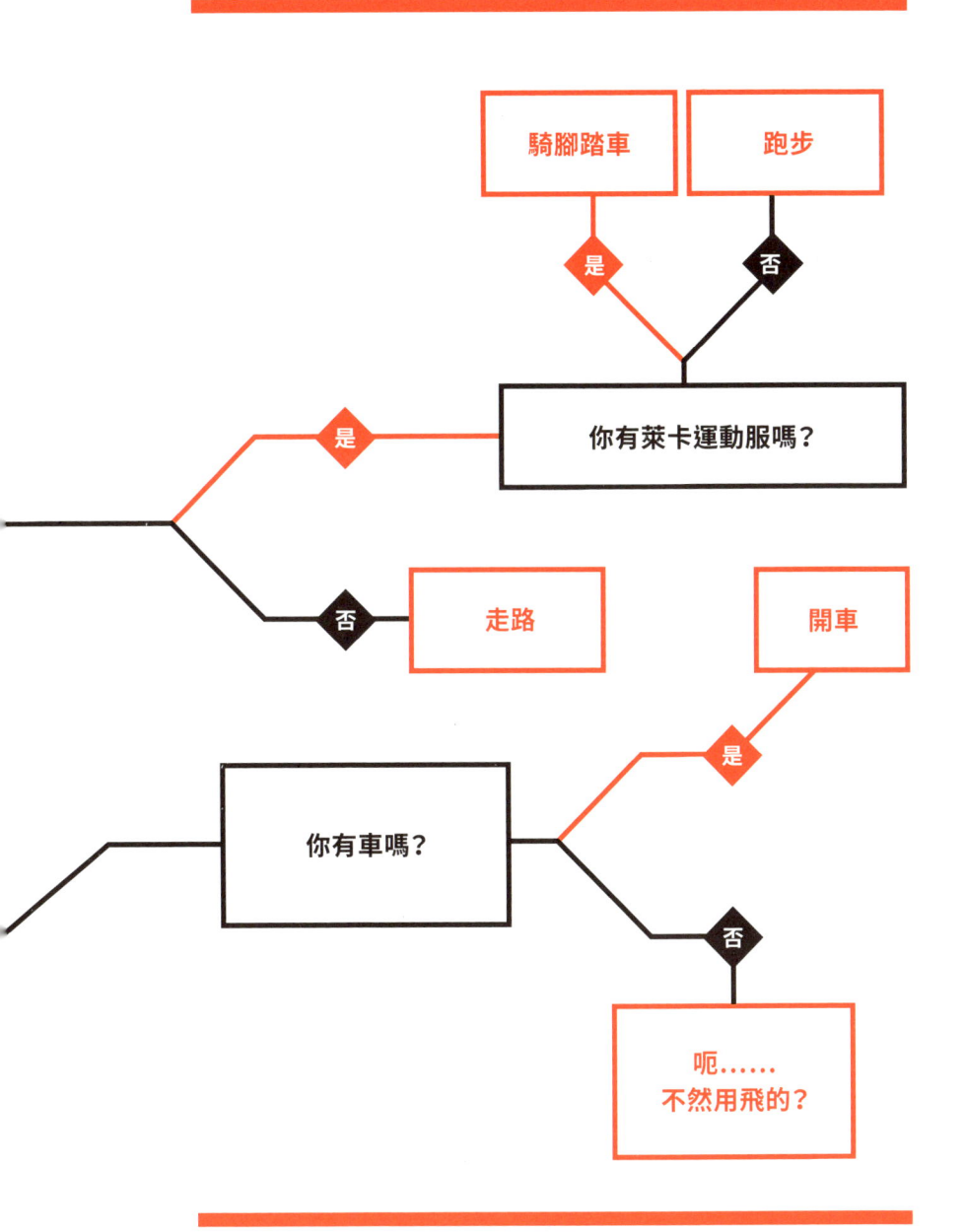

```
                    ┌──────────┐    ┌──────────┐
                    │ 騎腳踏車 │    │   跑步   │
                    └────┬─────┘    └────┬─────┘
                         │是              │否
                         ▼                ▼
                    ┌────────────────────────┐
          是        │   你有萊卡運動服嗎？   │
      ┌─────────────┤                        │
      │             └────────────────────────┘
      │
      │             否  ┌──────────┐      ┌──────────┐
      │          ┌─────▶│   走路   │      │   開車   │
      │          │      └──────────┘      └────┬─────┘
      │          │                              │是
      │          │                              ▼
   ┌──┴──────────┴──┐                    
   │   你有車嗎？   │──────────────────────
   └────────────────┘                     │否
                                          ▼
                                    ┌──────────────┐
                                    │   呃……       │
                                    │ 不然用飛的？ │
                                    └──────────────┘
```

保住工作

> **John_buckysesh69**
> 我老闆是又老又瘋的機掰人 哈哈!

> **Your_mad_boss**
> ㄏㄏ～你明天不用來上班ㄌ

就算目前的工作不太理想,你最好還是要隨時保持有工作的狀態,這樣你以後找工作的時候,僱主才會覺得你有恆心又有奉獻精神。而且你固定領薪水,才有辦法維持工作和生活間的平衡。

1. 不要罵老闆機掰

上司可能真的很機掰,但你上班就上班,沒事說什麼大實話?

2. 泡飲料

幫團隊泡茶、泡咖啡。這樣一來,別人還會覺得你很大方無私,但實際上你只是不想坐在座位上工作而已。

3. 做你的工作

做你該做的工作,別做你不該做的工作
——也千萬別什麼事都不做。

工作與生活之間的平衡

當你提高大人等級,就會慢慢從「玩太嗨」區漂移到「過勞」區。你要想辦法找到兩區之間健康的平衡點,才能長久維持大人生活。

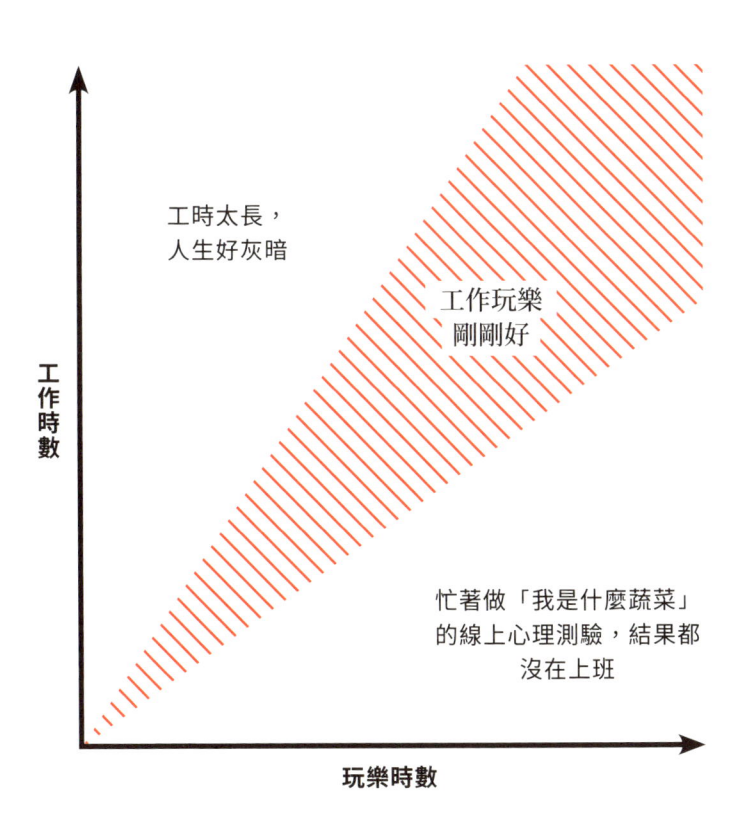

工作時數(縱軸)

- 工時太長,人生好灰暗
- 工作玩樂剛剛好
- 忙著做「我是什麼蔬菜」的線上心理測驗,結果都沒在上班

玩樂時數(橫軸)

職場對話

職場有職場的用語,你可以學學辦公室裡其他人可能用到的一些詞彙。

職場用語的其中一個分支是「管理用語」,這種語言複雜得莫名其妙,滿滿都是奇奇怪怪的術語,不但你聽不懂,就連說話的人自己都不知道自己在說什麼。我先警告你,你可以學一些基礎的管理用語,可是千萬別用這種方式說話——畢竟那些整天說管理用語的,都是一些機掰人。

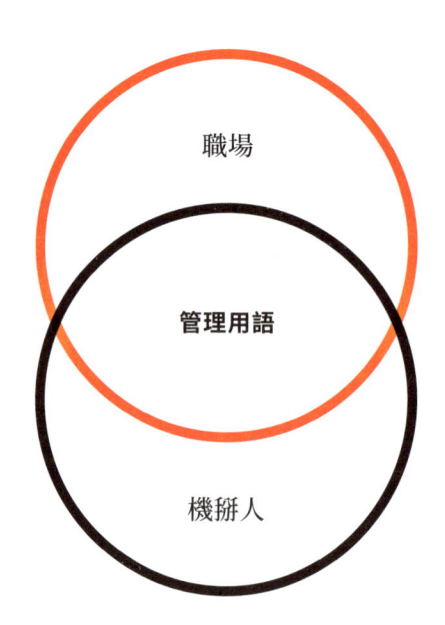

職場

管理用語

機掰人

第二章：工作

他們說的話是	他們的意思是
將任務安排得有條不紊	還不快把東西整理好
藍天思維	你用腦子去想一想好嗎
我們線下詳述	我有話要跟你說
評估執行方案的可行性	我們來看看這個想法好不好
先摘低處的果實	快去把簡單的任務做完
我們先別把大海煮沸，如果能協力工作、打開車蓋瞧一瞧，我們就不用揍狗狗了，這不是雙贏嘛！	這什麼鬼？

上班闖關遊戲

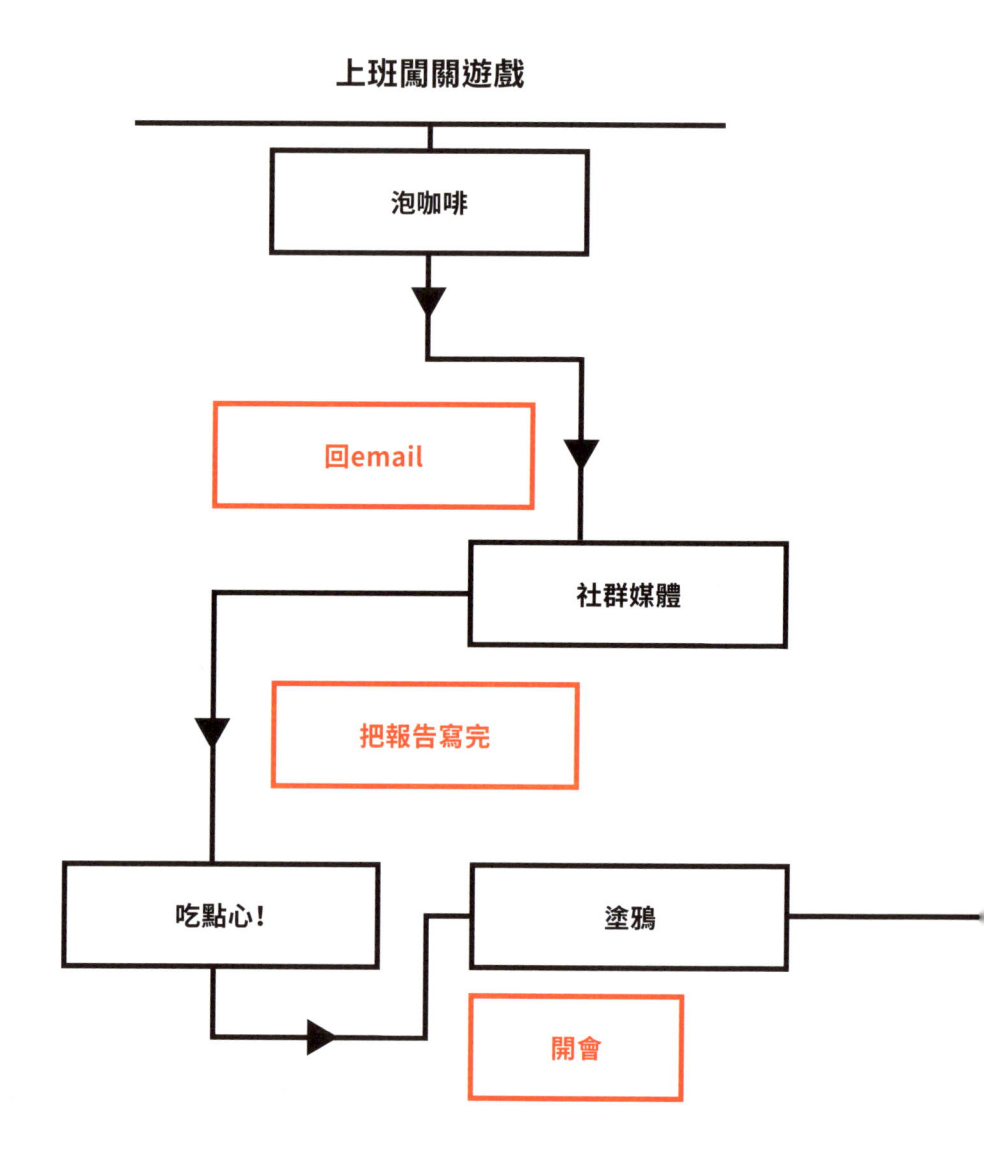

- 泡咖啡
- 回email
- 社群媒體
- 把報告寫完
- 吃點心！
- 塗鴉
- 開會

第二章：工作

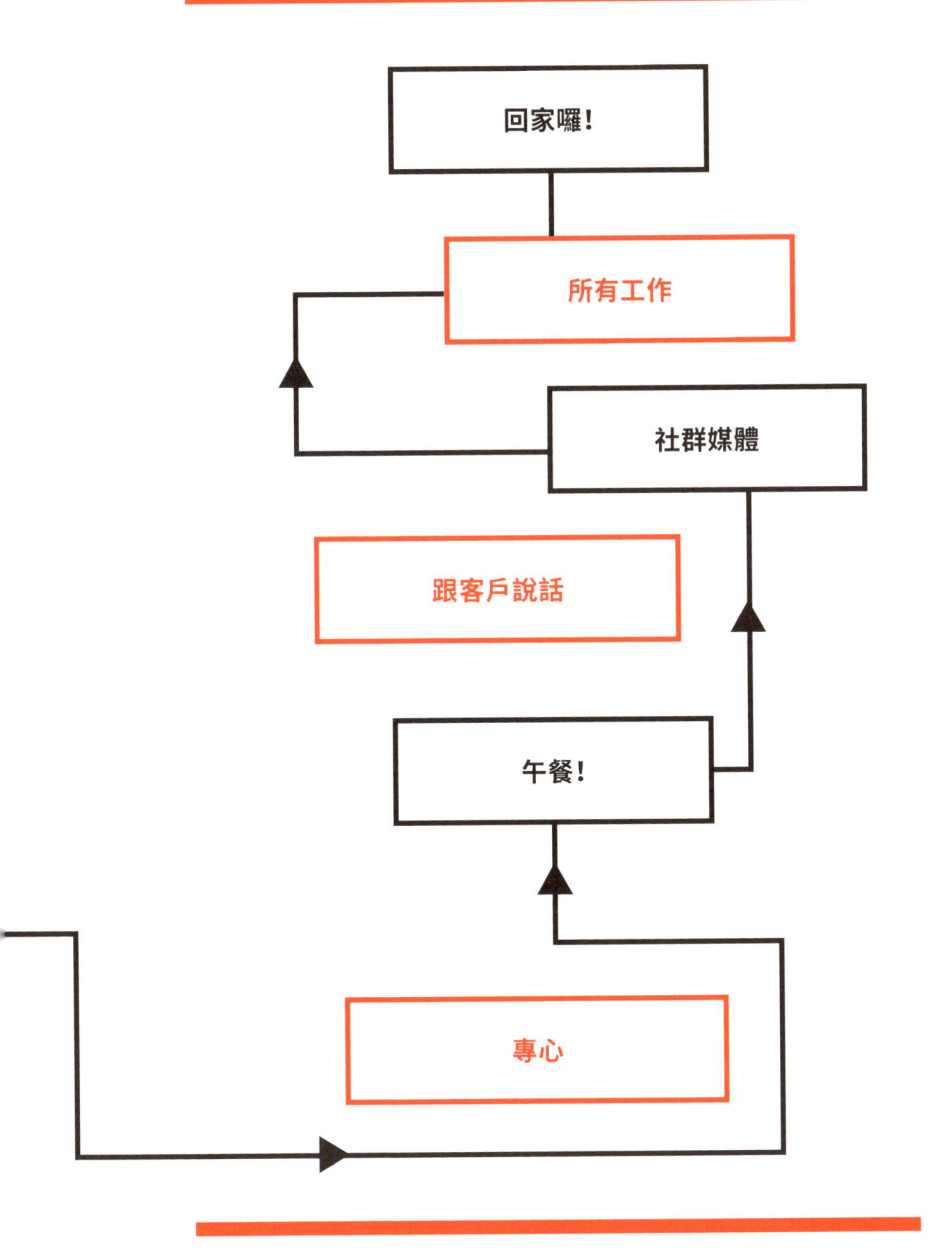

```
         ┌─────────┐
         │ 回家囉！ │
         └────┬────┘
              │
         ┌────▼────┐
    ┌───▶│ 所有工作 │
    │    └─────────┘
    │         
    │    ┌─────────┐
    └────│ 社群媒體 │
         └────┬────┘
    ┌─────────┐  │
    │跟客戶說話│  │
    └─────────┘  │
         ┌────▲────┐
         │  午餐！ │
         └────┬────┘
              │
         ┌────▼────┐
         │  專心   │
         └─────────┘
```

43

開會

告訴你,99%的會議都是在浪費大家的時間,發起會議的人通常都有選擇障礙,可是又想顯得自己很重要。一般來說,會議結束時,大家根本沒達成任何目標,甚至比開會前更搞不清楚狀況。

那你該怎麼熬過沒意義的會議呢?

1. 做筆記
你要時不時寫點東西,讓別人覺得你有在認真聽——這很重要!其實你寫什麼並不是重點,反正這些筆記你以後也不會拿出來看。真的要塗鴉的話,我知道你一定很想畫老二跟蛋蛋,可是要小心別被其他人發現。

2. 點頭
時不時點點頭,讓其他人知道你有在聽(雖然你很明顯在放空)。

3. 保持警覺
維持正向的肢體語言,別抱胸或閉眼睛,畢竟別人隨時可能會問你問題。盡量注意大家目前在討論什麼無腦的話題,至少準備一句有想法的回應,免得有人點你發言。

會議時間分布

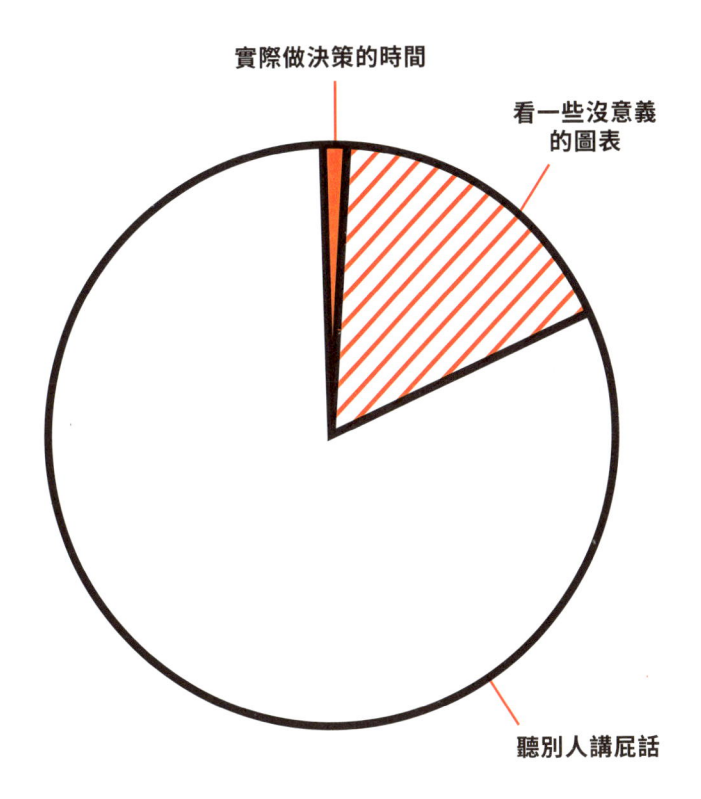

實際做決策的時間

看一些沒意義的圖表

聽別人講屁話

圖解大人生存指南

怎麼在職場上當大人：不要說《幹老尸

REPLACE
FXCK
YOU

第二章：工作

改說 **很好 好棒棒**

WITH
OKAY
GREAT

我要請病假嗎？

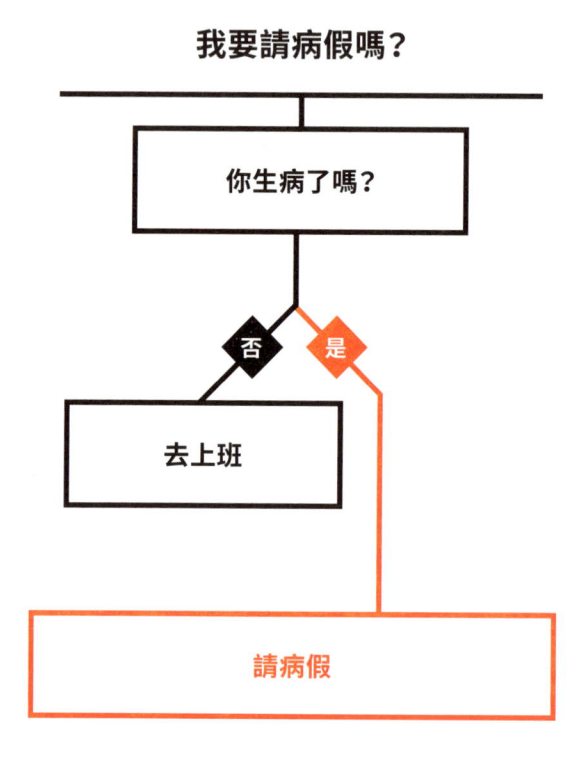

- 你生病了嗎？
  - 否 → 去上班
  - 是 → 請病假

第二章：工作

裝病

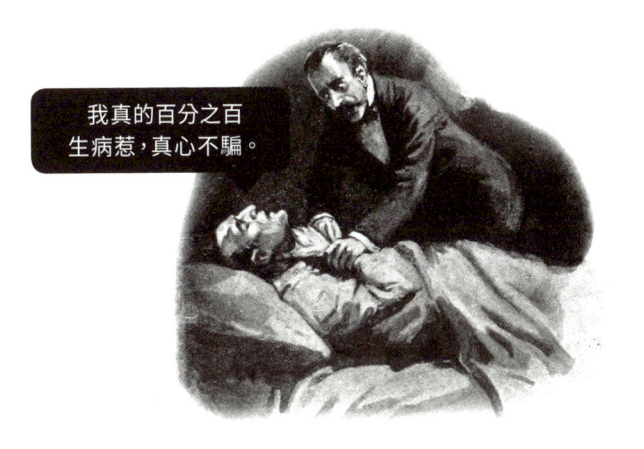

在極端情況下，你可能不得不「裝病」，意思就是騙公司說你得了某種神祕疾病，發病時間剛剛好等於一個工作天。

這時候，記得遵守幾條基本規則：

1. 一定要打電話請假
絕對不要用email跟主管說你「生病」了，只有沒經驗的小菜鳥才會用email或簡訊請假，到時候你就等著滾蛋吧。

2. 不要出門，也不要在社群媒體發文
別以為人家看不到，總會有人看到的。

49

保持振作

上班大部分時間都要用來保持振作。要是你電腦當機,一整個上午的工作成果都沒有存檔,這時候你該怎麼辦?廢話,當然是保持振作。

這時候如果鬧脾氣,或是蹲在文具櫃裡偷哭,以後大概得當一輩子的小螺絲釘了。既然在上班,你就得表現出穩定的情緒,還有樂觀的態度。

教你2個有助於保持振作的小撇步:

1. 呼吸
如果你滿腦子只想放聲尖叫,那先默默數到10,慢慢呼吸。說不定等你呼吸過後,就不會說出讓你大後悔的話了。

2. 發洩情緒
找個安全的地方發洩煩躁的情緒。別用email發洩,你很可能會不小心按到「回覆所有人」,結果被全公司看到你在那邊發瘋。還是找個可信的同事,邊喝咖啡邊吐苦水吧。

第二章：工作

大人辛苦的一天過完了，
你終於可以回家做自己囉。

第三章：社群媒體

Chapter 3
Social Media

社群媒體
Social Media

在現代,我們大部分的生活事件和互動都是在網路上發生的,可能是在社群媒體發文,或是透過email、簡訊傳送。

大家都喜歡用社群媒體對全世界展現最理想的自己,光是發個IG「照騙」就能在那邊挑個老半天,好不容易找到最美的一張相片,還得拚命地修圖和加濾鏡。

你坐在螢幕前,開開心心地更新臉書動態的時候,很容易忘記你這些文字是要給哪些人看的。當然,很可能完全沒有人會關心你的動態。

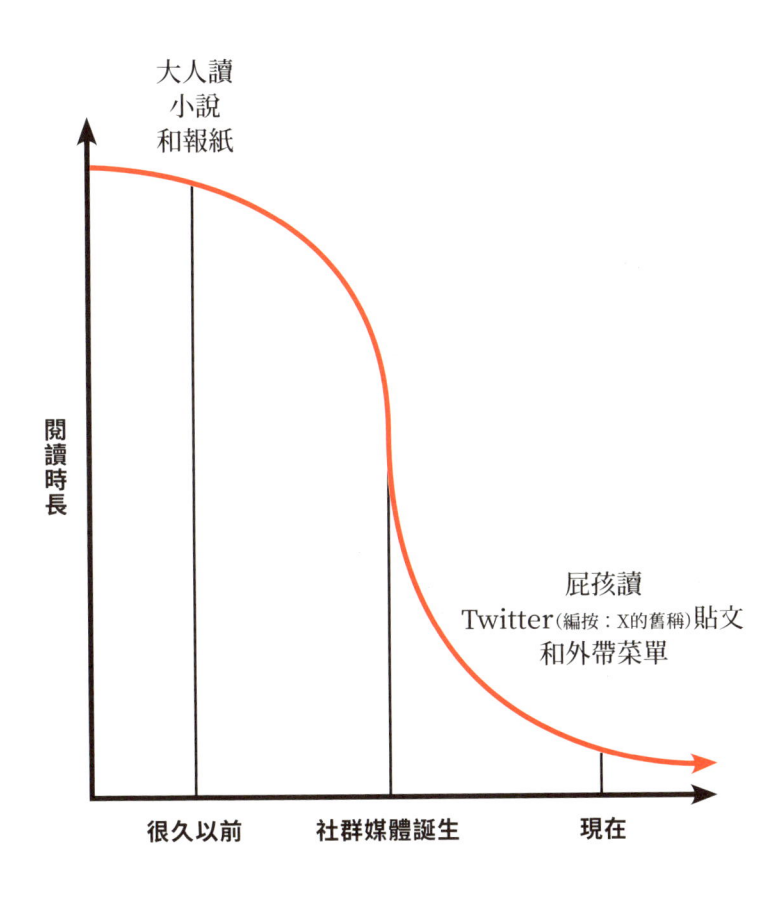

第三章：社群媒體

閱讀時長

大人讀
小說
和報紙

屁孩讀
Twitter(編按：X的舊稱)貼文
和外帶菜單

很久以前　　社群媒體誕生　　　現在

圖解大人生存指南

我來跟你解釋社群媒體的內幕吧：

你拚命 記錄 自己的生活……

EAGERLY RECORDING YOURSELF...

第三章：社群媒體

…… 結果 什麼都 沒達成

…ACHIEVING ABSOLUTELY NOTHING

社群媒體成癮

你整天目光呆滯地盯著手機,一直重新整理滿是迷因的動態頁面,心理能健康到哪去?社群媒體上看到的都是別人生活中最美好的一面,放眼望去不是歡樂度假,就是新買的美美廁所衛生紙,你看了自然會羨慕嫉妒恨,還可能會自我厭惡。你看,人家的衛生紙漂漂亮亮的,你的衛生紙怎麼那麼平凡啊?

不管在什麼情況下,很多屁孩大概10秒鐘就要看一次手機,有時候甚至跟別人聊天聊到一半也要把手機拿起來滑……

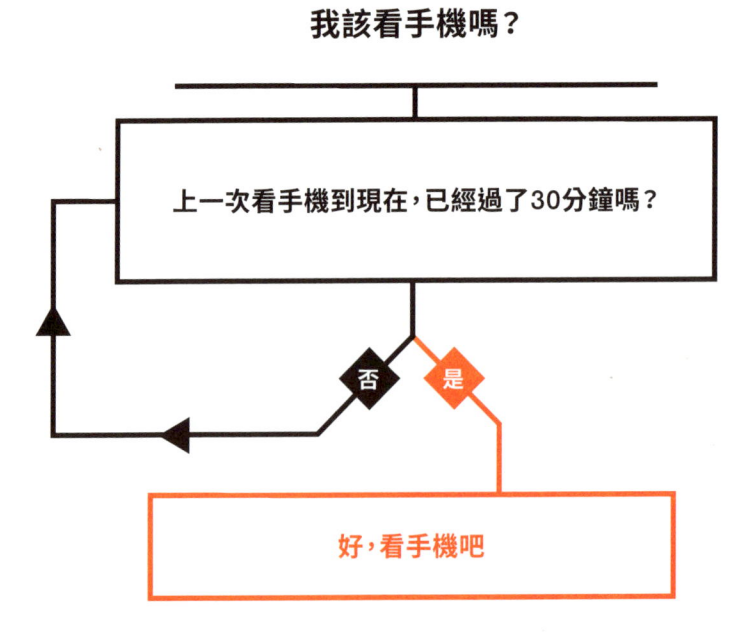

我該看手機嗎?

上一次看手機到現在,已經過了30分鐘嗎?

否 / 是

好,看手機吧

社群媒體成癮

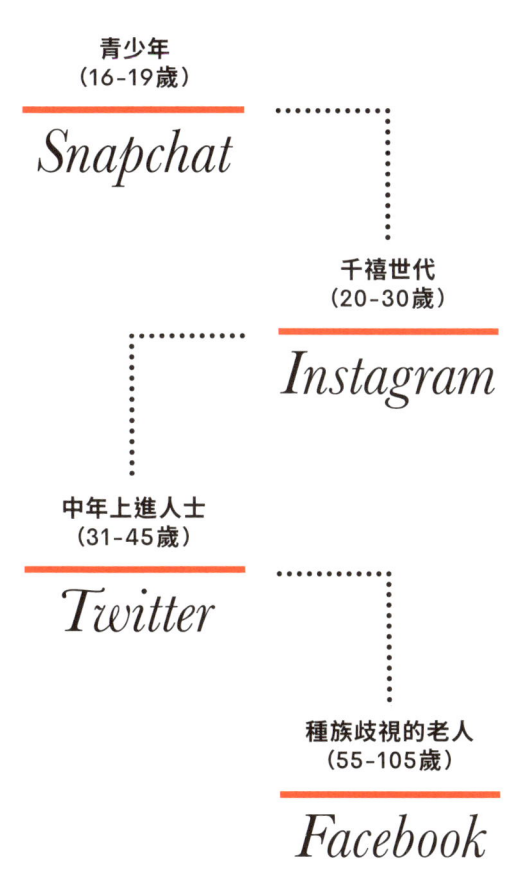

青少年
(16-19歲)
Snapchat

千禧世代
(20-30歲)
Instagram

中年上進人士
(31-45歲)
Twitter

種族歧視的老人
(55-105歲)
Facebook

在社群媒體上過度分享

你在用社群媒體的時候,很容易過度分享,把太多資訊說出去。

你覺得有幾個人真心想看你多發幾張慘淡的晚餐照?又有幾個人想看你一天發14張小小兵迷因?你度假的時候一定很想貼文發圖,可是也盡量克制一下。另外,你可以把一堆照片用相簿功能貼出來,免得朋友都被你過去兩週的調酒照洗板。記住:你不用把自己做的每一件事都貼出去昭告天下。

同理,假如你脫單了,偶爾互相發個「我愛你」貼文(有點矮額~),但也勉強可以接受。一段感情在社群媒體上完全看不出跡象,可能才算健康的感情關係吧。

別忘了,你是在更新動態,不是寫日記。

哇!才沒有人關心你耶。

平台	屁孩用來做的事	大人用來做的事
Facebook	貼小小兵迷因	更新親友的近況
Twitter	騷擾名人	對品牌企業投訴服務不周
Instagram	貼用了兔耳濾鏡的自拍	分享度假照片
Snapchat	傳裸照	[大人並不會用Snapchat]
Pinterest	[屁孩沒在用Pinterest]	分享蠟燭和居家擺設的照片

含糊討拍

「含糊討拍」是一種社群媒體上的現象，指一個人透露得太多，可是又說得不夠多。這種動態消息通常都故意寫得很模糊，漏掉了一些關鍵資訊，別人看了會覺得滿頭問號，發文者可以從別人的猜測中獲得一些「神祕感」。

大家都有那麼一兩個朋友，動不動就發一些莫名其妙的動態，例如：「我不想談」、「真的值得嗎？」、「我就不指名道姓了……」，不然就是去一趟醫院都要發個被動攻擊式的圖文。這些人就是想要引起別人的關注，或是故意要別人讚美他們。

大人就不會含糊討拍。你要是真的遇上困難、需要別人關心，那就把臉書關掉，在線下的真實世界裡找人喝酒訴苦。

我應該回應含糊討拍文嗎?

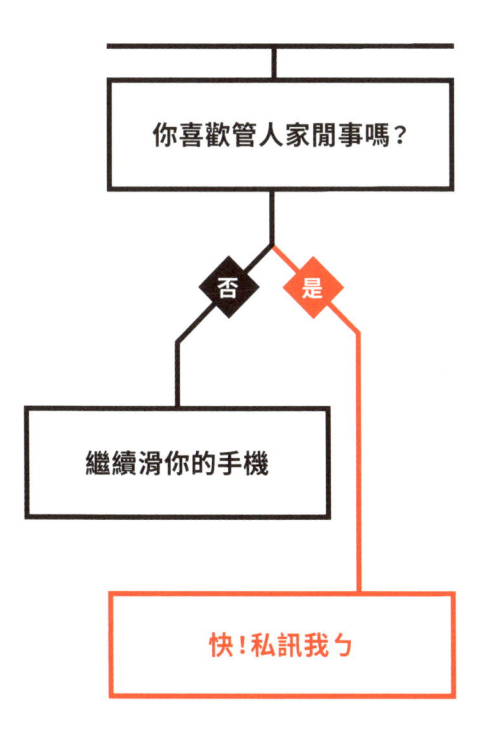

```
        ┌─────────────────────┐
        │  你喜歡管人家閒事嗎? │
        └─────────────────────┘
            否 ◆      ◆ 是
             │         │
    ┌────────────┐     │
    │ 繼續滑你的手機 │     │
    └────────────┘     │
                ┌──────────────┐
                │  快!私訊我ㄅ  │
                └──────────────┘
```

我應該傳裸照嗎？

- 對方有跟我要裸照嗎？
  - 是 → 真的嗎？
    - 是 → 真ㄉ假ㄉ，認真？
      - 是 → 再確認一次
      - 否 → 拜託不要傳裸照給人家
    - 否 → 拜託不要傳裸照給人家
  - 否 → 拜託不要傳裸照給人家

傳裸照

大人並不會把自己的裸照傳給別人。大人都知道，照片一旦傳出去就超脫你的控制了，別人可能會到處分享你的照片，你再也別想擺脫這個黑歷史了。假如有人叫你傳裸照，那你要思考得長一點、久一點（雙關？）──那個變態跟你要裸照，存的到底是什麼心？

如果你堅持要把自己的私密照片傳給別人，那千萬確保照片沒拍到自己的臉，這樣等照片被洩露出去以後，你至少還保有那麼一丁點隱私。（我現在就可以告訴你，照片一定會被洩露出去。）

最後，如果對方沒跟你要裸照，那拜託你不要隨便傳給人家。這可是裸照不可打破的鐵則。

我要不要發這則動態？

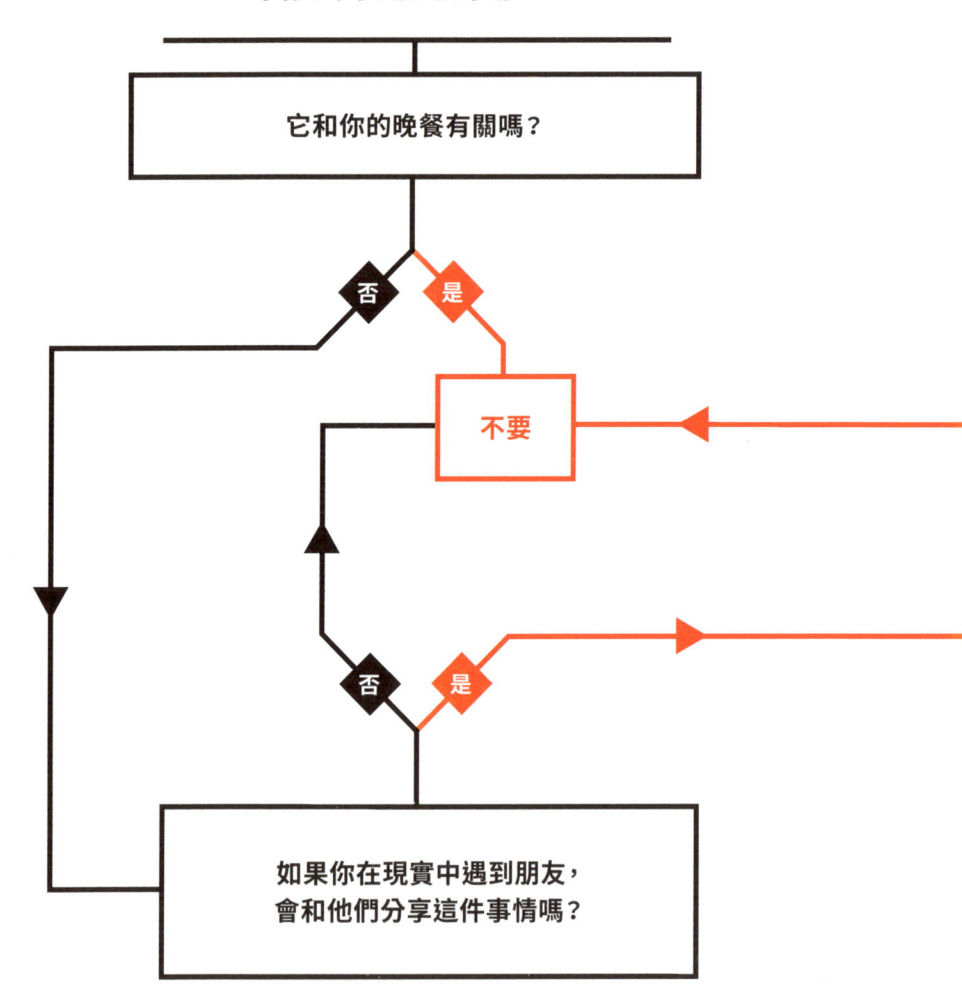

- 它和你的晚餐有關嗎？
  - 是 → **不要**
  - 否 → 如果你在現實中遇到朋友，會和他們分享這件事情嗎？
    - 否 → **不要**
    - 是 →

第三章：社群媒體

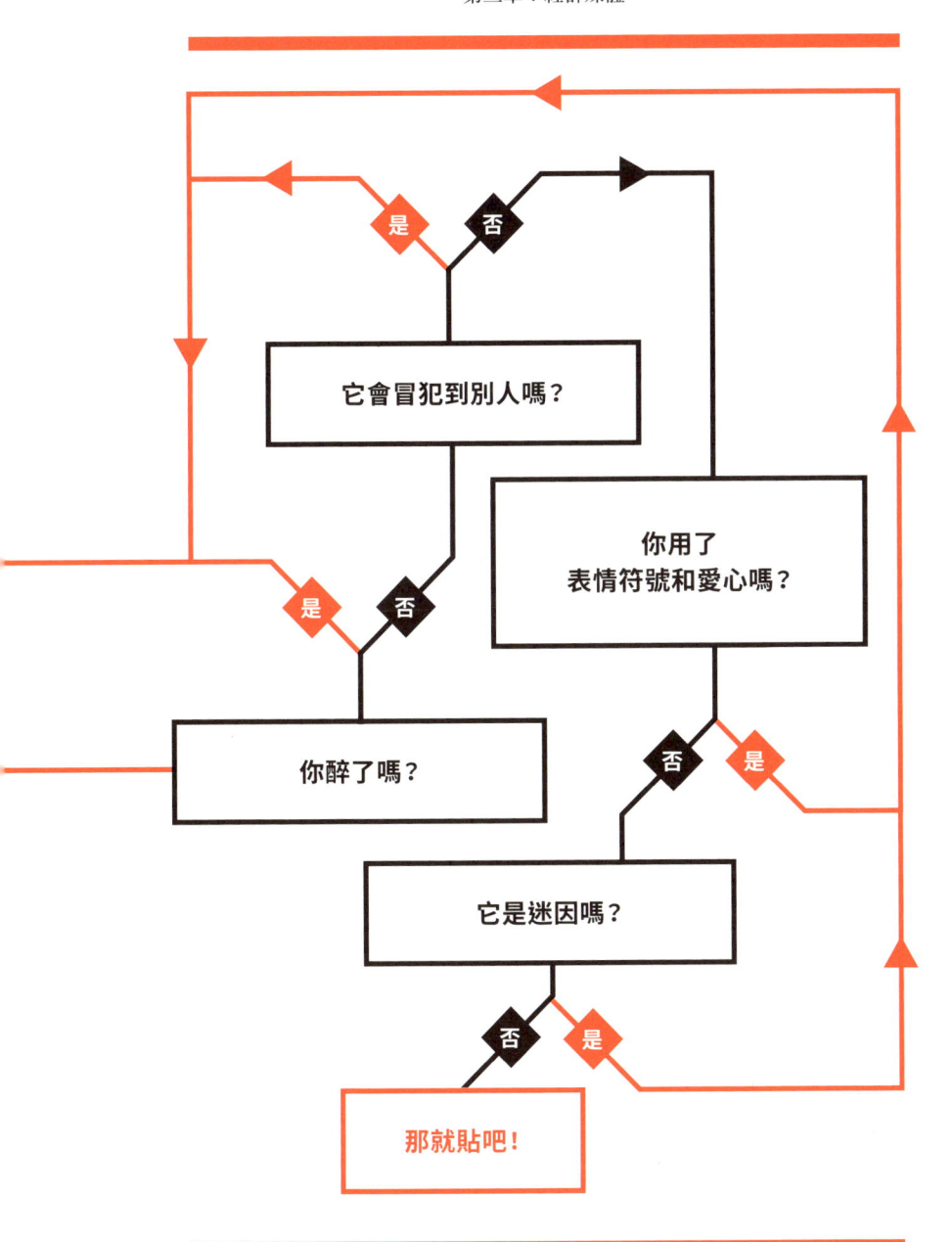

它會冒犯到別人嗎？
　是 →
　否 → 你用了表情符號和愛心嗎？
　　　　否 → 你醉了嗎？
　　　　是 →

它是迷因嗎？
　否 →
　是 → 那就貼吧！

第四章：做家事

Chapter 4
Household Tasks

做家事

Household Tasks

完成家事是大人最基礎的任務，家事包括整理自己生活的環境、洗衣服、洗碗等。把抹布和拖把拿出來，準備好好打掃家裡吧！

> 我除了腰痠背痛以外什麼都沒「達成」……

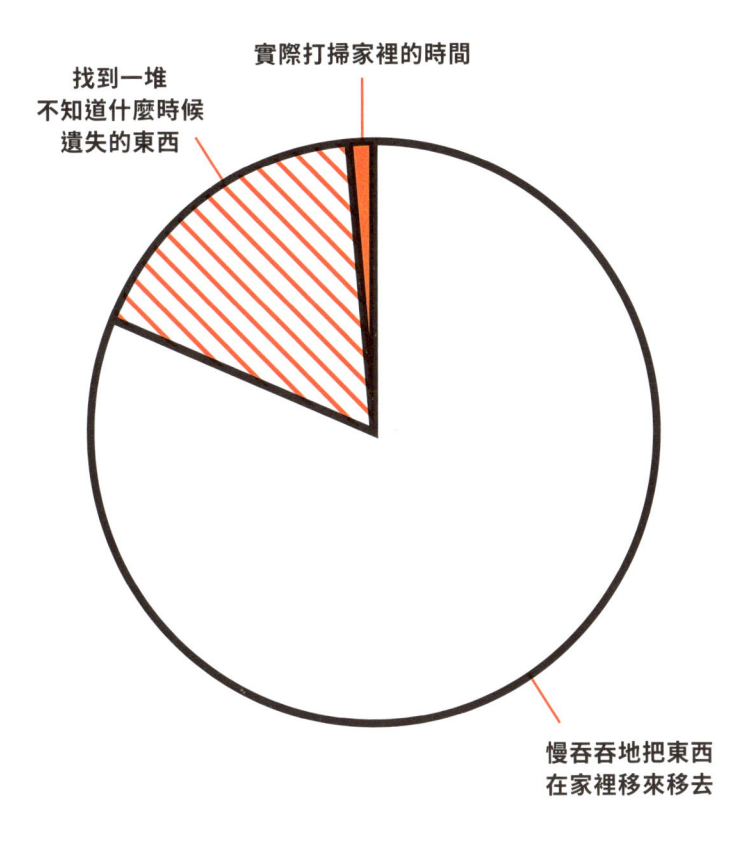

第四章：做家事

實際打掃家裡的時間

找到一堆
不知道什麼時候
遺失的東西

慢吞吞地把東西
在家裡移來移去

把碗放進洗碗機

從原始人第一次煎培根開始,人類就多了「洗碗」這一門家事。如果你是天選的幸運兒,家裡說不定有一種神奇的科技產物:洗碗機。

要深入探討餐具怎麼放進洗碗機這個議題,其實可以寫成一本厚厚的書了,我在這邊就簡單說一下基本原則:

杯子和碗
杯子放上層。碗要放上層或下層都可以,看你心情。

刀子
菜刀最好刀刃朝下擺放,免得造成可怕的意外。餐刀可以和叉子、湯匙放在一起,刀刃朝上擺放也沒關係,這樣才清得乾淨。

湯鍋、平底鍋和盤子
湯鍋和平底鍋都放下層,刀叉湯匙也裝進餐具的小籃子,一起放下層。記得先在洗碗槽把大塊的食物殘渣沖掉,再把碗盤餐具放進洗碗機。

洗潔劑
絕對、絕對不要自以為發現了生活小撇步,把液態洗碗精倒進洗碗機裡。我是說真的。既然要用洗碗機,那就買洗碗機專用的洗潔劑或洗碗精膠囊。

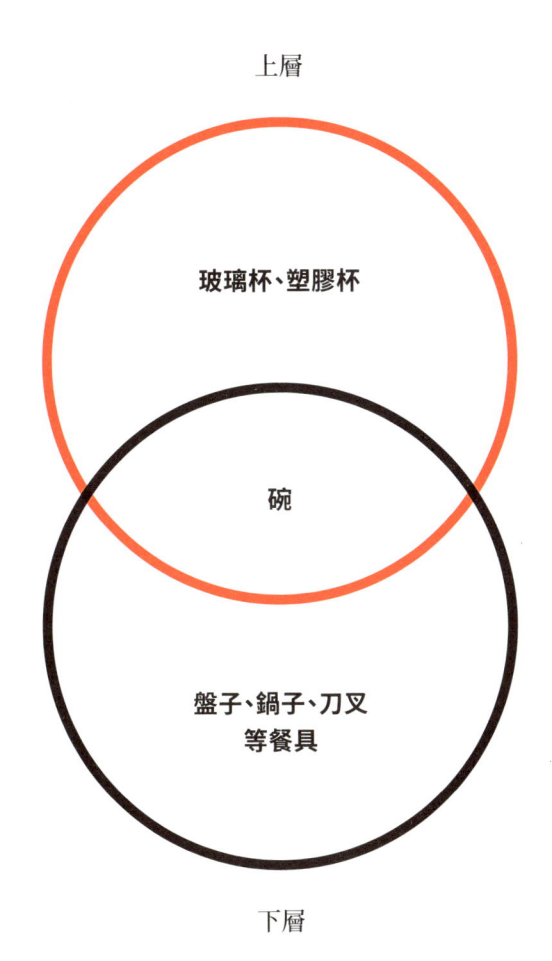

第四章：做家事

上層

玻璃杯、塑膠杯

碗

盤子、鍋子、刀叉
等餐具

下層

圖解大人生存指南

洗碗機裡：菜刀朝下

KNIVES DOWN

第四章：做家事

FORKS UP

叉子朝上……沒錯，我們都是這樣洗餐具的

洗衣服

如果你看到衣服、布料或泰迪熊髒髒的,或是聞起來臭臭的,就表示該拿去洗香香了。洗衣機看起來是不是很難用啊?怕什麼,其實很簡單的:

1. 把髒衣服丟進洗衣機。
2. 不要把白色衣物和其他顏色的衣服混著洗。
3. 選擇你需要的洗衣行程。

要是不知道怎麼選,那就挑低溫環保洗淨行程,免得溫度稍微高一點就讓衣服縮水或褪色,演變成大災難。

4. 洗衣行程結束以後,把衣服拿出來弄乾。

別把濕答答的衣服留在洗衣機裡,也別丟在晾衣架上3個禮拜都不拿下來。家裡如果有烘衣機,你可以把衣服烘乾;如果你想擁抱自然,那就用晒衣繩把衣服掛在室外晾乾。

衣服標籤上都有一些便利的小符號,教你怎麼清洗和保養它們:

用40°C水溫清洗	 絕對不要水洗	 X戰警的衣服
 洗衣機在盯著你	 可以熨燙	 不准熨燙!

這件衣服該拿去洗嗎?

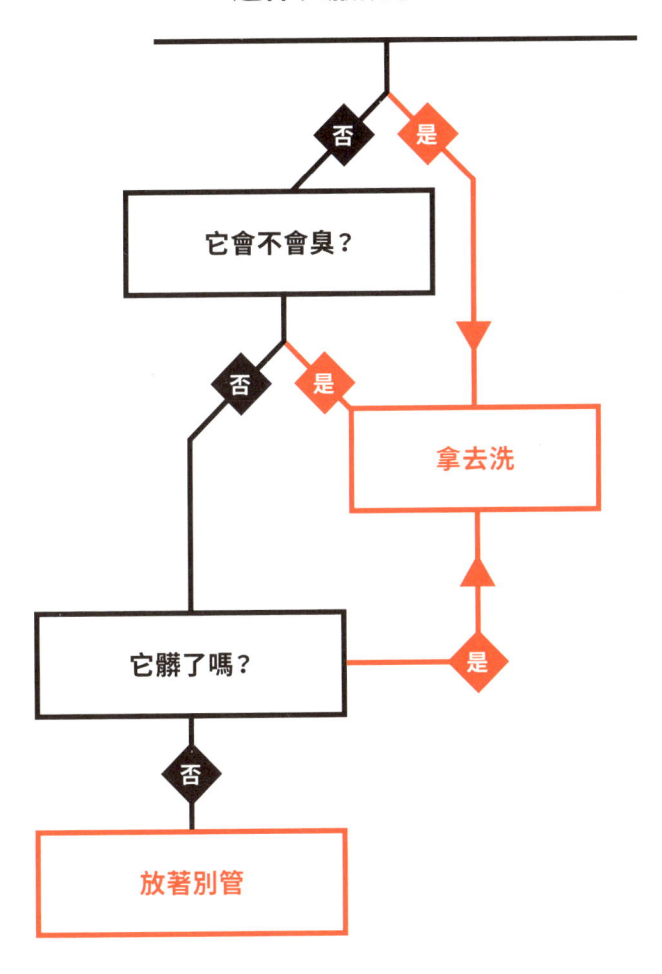

- 是 → 拿去洗
- 否 → 它會不會臭?
  - 是 → 拿去洗
  - 否 → 它髒了嗎?
    - 是 → 拿去洗
    - 否 → 放著別管

捲筒衛生紙

太好了,就算是小屁孩也知道怎麼用衛生紙擦屁屁,所以這部分我們可以跳過不討論了……吧?我們倒是需要討論捲筒衛生紙在架上正確的放置方法。

紙捲的擺法是將最外層的衛生紙「朝外」放,這樣你就能從捲筒前方抽取衛生紙。1891年一份關於捲筒衛生紙的專利上,詳細說明這是正確使用方式。

假如紙捲是「朝內」放,最外層的衛生紙比較靠近牆壁,那你要抽衛生紙的時候就比較容易被牆壁刮到手,要抽下一張衛生紙也比較難。

不過我在這裡還是幫「朝內」放的人說句話吧,這樣衛生紙的確比較不會被小孩或貓貓玩得滿地都是。

> 我要毀了你今天的好心情。

第四章：做家事

正確的「朝外」方向

錯誤的「朝內」方向

資源回收

大人都知道要每週或每兩週倒一次回收。家裡常見的回收分類是紙類、玻璃、金屬和塑膠，如果有更大型的回收物，那就得親自送去回收場（編按：台灣可以致電清潔隊來幫你搬走）。

玻璃

回收業者問你為什麼一次回收這麼多玻璃瓶的時候，騙他們說你找一堆人開了派對，別說你是大酒鬼。

紙類和金屬

	大人	屁孩
紙類	報紙	披薩盒
金屬	豆類罐頭	啤酒罐

去回收場

「去回收場」是一種等級很高的大人活動，當別人問你「這週末要做什麼？」的時候，你如果回答「去回收場」，別人就會以為你整個週末都在努力做資源回收。

運氣好的話，你甚至可以跟對方聊怎麼挑選去回收場的時間、哪些時段不用排隊，就這樣聊半個小時。

這個要回收嗎？

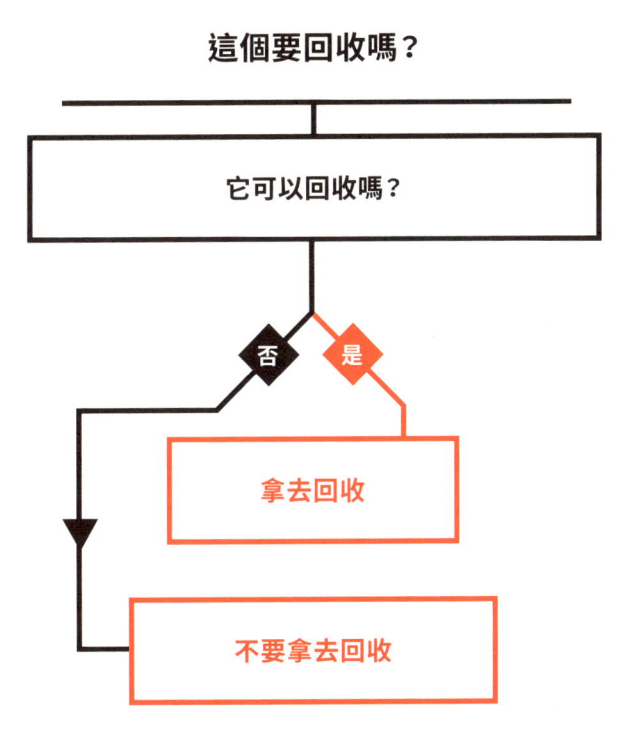

- 它可以回收嗎？
  - 否 → 不要拿去回收
  - 是 → 拿去回收

我要把這個東西丟掉嗎？

- 你已經不需要它了嗎？
  - 否 → 留著
  - 是 → 有其他人需要它嗎？
    - 是 → 留著
    - 否 → 丟掉

第四章：做家事

整理環境

大人都喜歡在乾淨整潔的環境裡生活，這樣才能心情愉悅地做一些大人的事情，例如研究保險政策，或是讀一些高深的小說。

你想當大人，就得把自己弄髒亂的環境清乾淨，有時候還得幫別人打掃清潔。你想過整齊乾淨的生活嗎？那別忘了下面2個小撇步：

1. 東西用完就歸位
每一件物品都有自己的位子，你拿出來用過就該把它們放回原位。如果你飲料喝完、食物吃完了，那拜託別把空瓶或包裝袋塞回冰箱和櫥櫃，乖乖拿去丟掉，而且別忘了分類回收（見第80頁：資源回收）。

2. 如果你發現哪裡不整潔，那就去收拾打掃
就算東西不是被你弄亂的，你作為負責任、有擔當的大人，還是應該隨手收拾乾淨。

第五章：整理儀容

Chapter 5
Grooming

整理儀容
Grooming

把自己打理得乾淨、體面又香噴噴的，這應該不難吧？嘖嘖，你好像覺得這跟越級打怪一樣困難。

有史以來數千位科學家努力研發新產品，為你帶來乳香精油、B群活性碳面膜，還有添加維生素的私密處沖洗液這些神奇的商品，你可以用它們輕輕鬆鬆地清洗身體。

⋯⋯結果呢，你還是一個月只洗一次澡，用的還是破抹布。

> 臭小子，還不洗澡！

第五章：整理儀容

淋浴時間分配

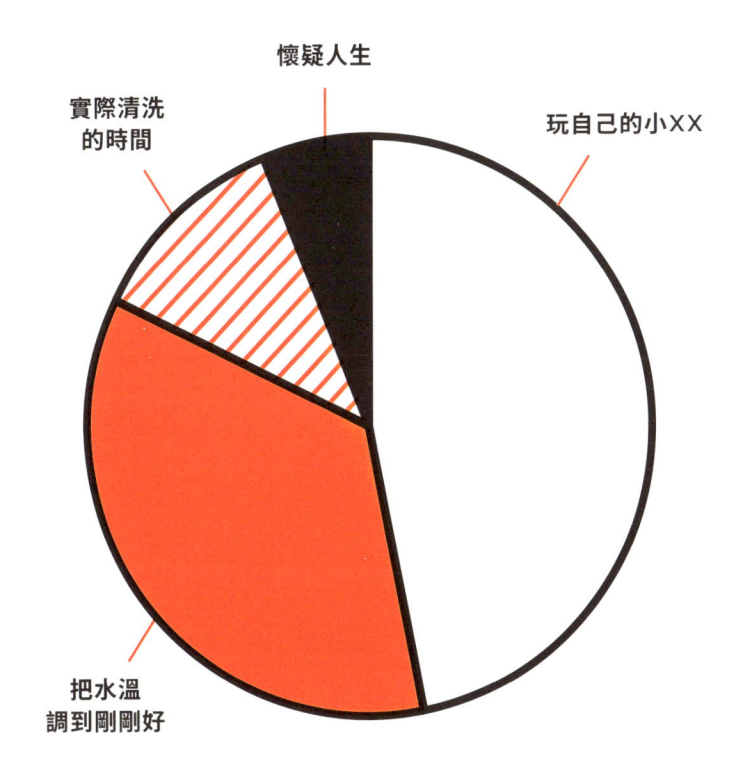

- 懷疑人生
- 實際清洗的時間
- 玩自己的小XX
- 把水溫調到剛剛好

男性儀容

> 我脫胎換骨了！

男性大人都知道,他們得打扮得體面、修剪鬍鬚,而且不能整天臭烘烘的。你的鬍子如果已經從下巴蔓延到脖子了,而且還髒兮兮的,那噴再多的除臭劑也沒用,你作為大人還是不合格。

男性大人在沐浴的時候,才不會被所謂「脆弱的男子氣概」影響,跟風往泡泡浴裡加一堆號稱可以讓他們更「陽剛」的怪東西。真正成熟的男人可以開開心心地享受「薰衣草泡泡浴」,而不是去搞什麼「炭與蕁麻肌肉浴」。

> 先生,要幫你的包頭抹髮油嗎?

第五章：整理儀容

既然你是男人，那就有機會長出漂亮的絡腮鬍或八字鬍，但不管怎樣還是得花一些心思整理鬍鬚，別讓鬍子沾滿食物殘渣、亂七八糟的，多噁心啊！假如你留了鬍子以後看起來真的像老巫師，那走在路上可能會有人求你實現他們3個願望，你遇到了也別太驚訝。

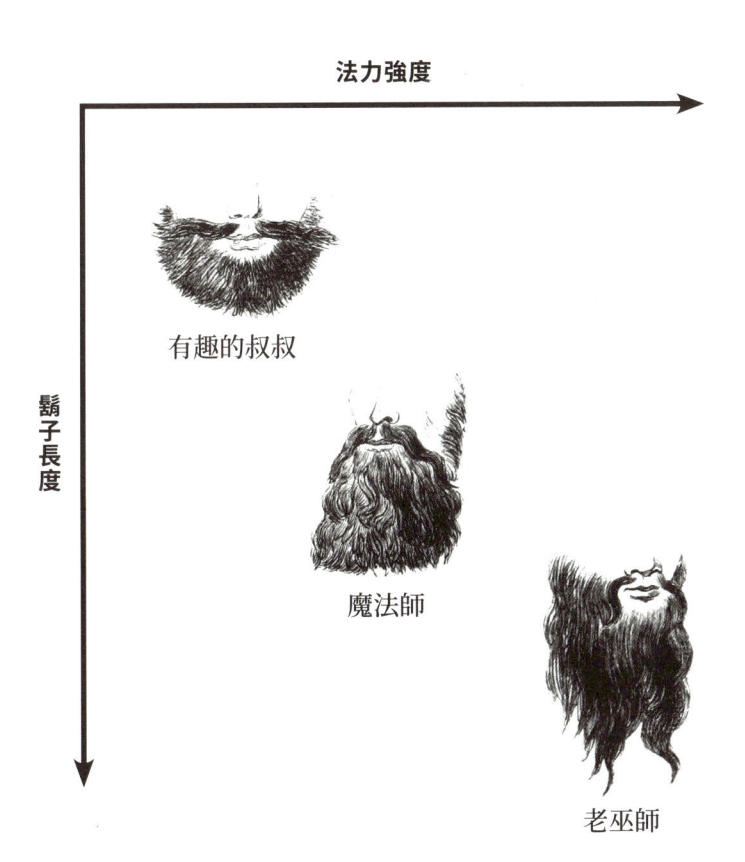

法力強度 →

鬍子長度 ↓

有趣的叔叔

魔法師

老巫師

女性儀容

化妝很好玩,你如果想塗藍色口紅,貼上雜貨店買來的假睫毛,那就儘管去做吧!

可是我想提醒你一句,不想化妝也沒關係的。另外,除了人魚、獨角獸和YouTube影音部落客以外,正港的大人平日是不會用亮片的。

總之,記得別在下巴留下一條粉底「界線」,暈染步驟很重要。

別忘了,你是在幫臉化妝,不是在畫小朋友的塗色本。

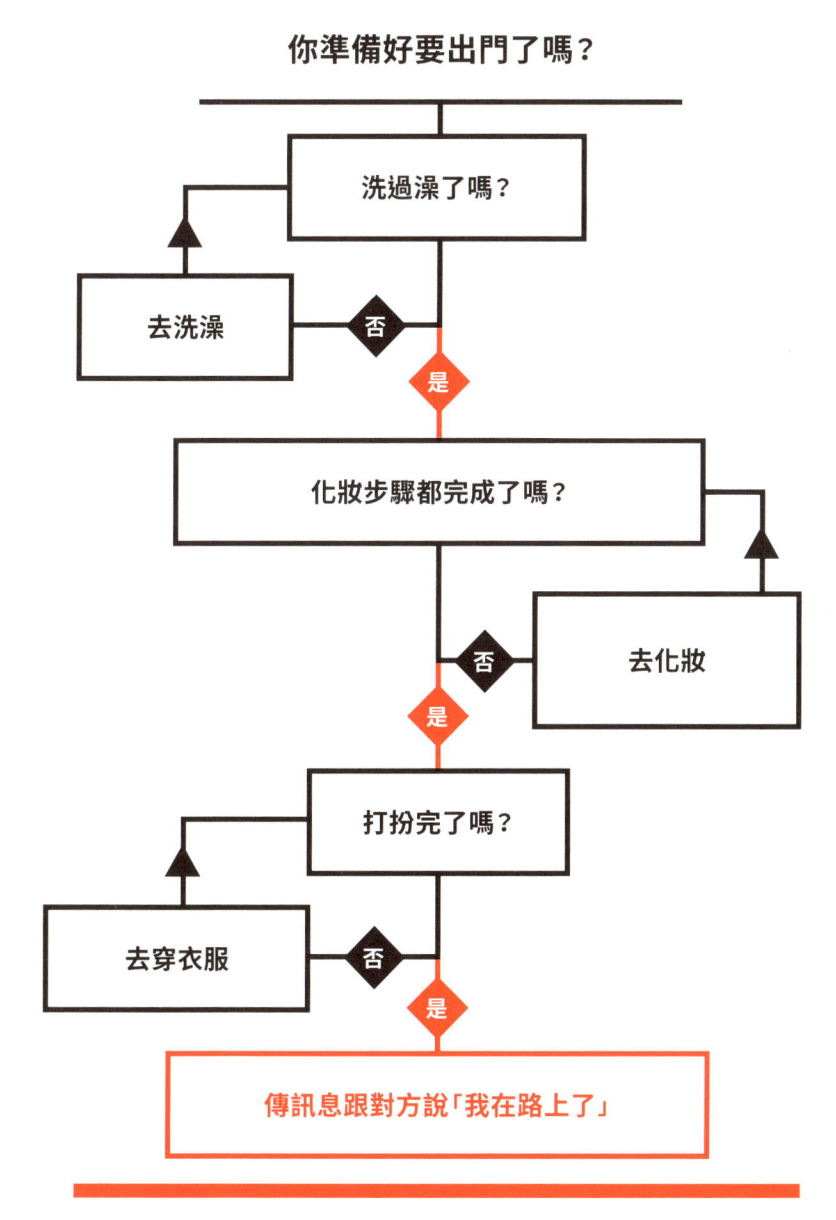

第五章：整理儀容

你準備好要出門了嗎？

- 洗過澡了嗎？
  - 否 → 去洗澡 → (回到「洗過澡了嗎？」)
  - 是 ↓
- 化妝步驟都完成了嗎？
  - 否 → 去化妝 → (回到「化妝步驟都完成了嗎？」)
  - 是 ↓
- 打扮完了嗎？
  - 否 → 去穿衣服 → (回到「打扮完了嗎？」)
  - 是 ↓
- 傳訊息跟對方說「我在路上了」

口腔衛生

你每天都得清潔牙齒,一天做2次,這個沒得討論。

先用牙線,然後花大約3分鐘刷牙。

只要養成早晚清潔牙齒的好習慣,下次看牙醫就不用那麼驚恐了⋯⋯你至少不用跟牙醫扯謊說你天天都有乖乖刷牙。

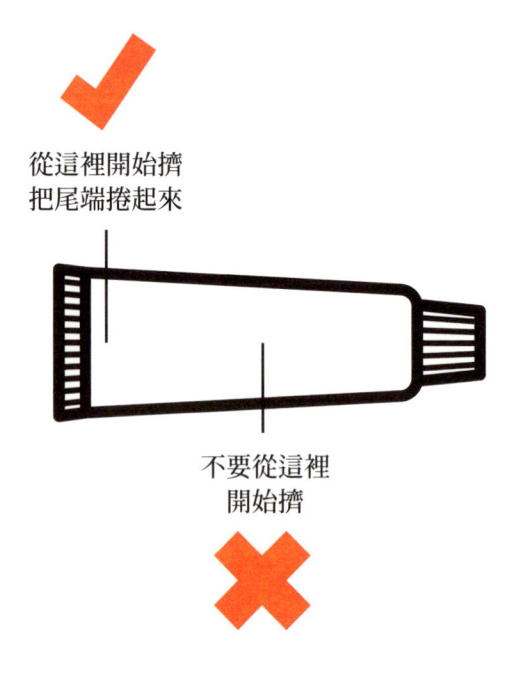

從這裡開始擠
把尾端捲起來

不要從這裡
開始擠

第五章：整理儀容

牙膏擠多少

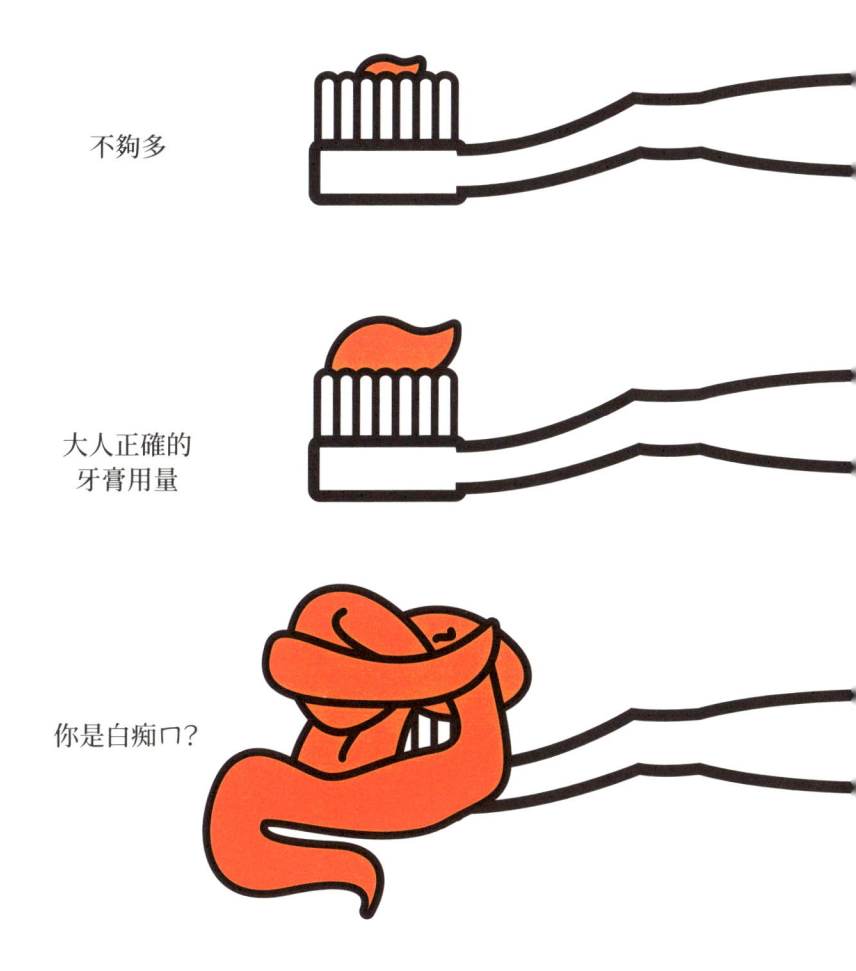

不夠多

大人正確的
牙膏用量

你是白痴ㄇ？

泡澡還是沖澡？

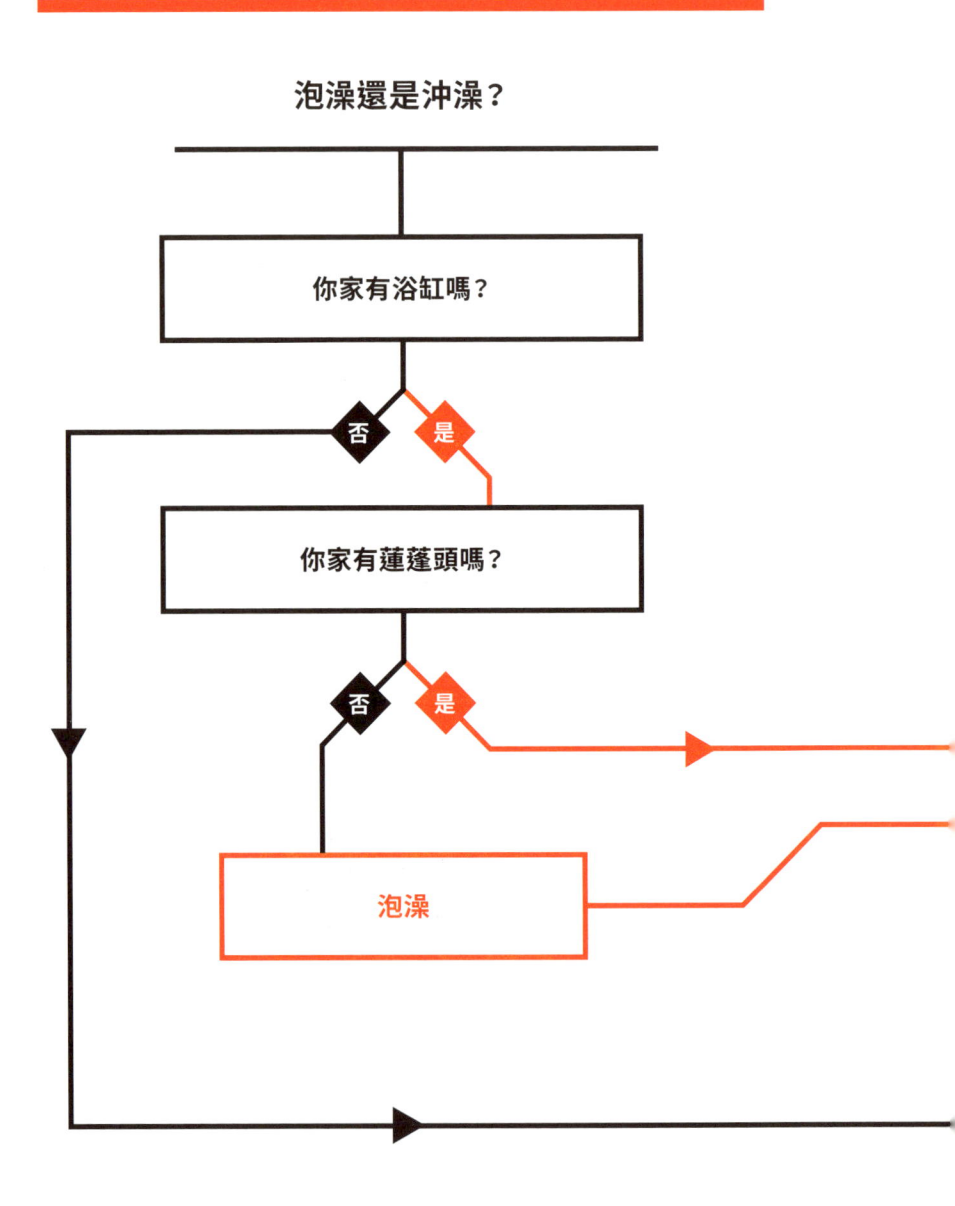

- 你家有浴缸嗎？
  - 否 →
  - 是 ↓
- 你家有蓮蓬頭嗎？
  - 否 → 泡澡
  - 是 →

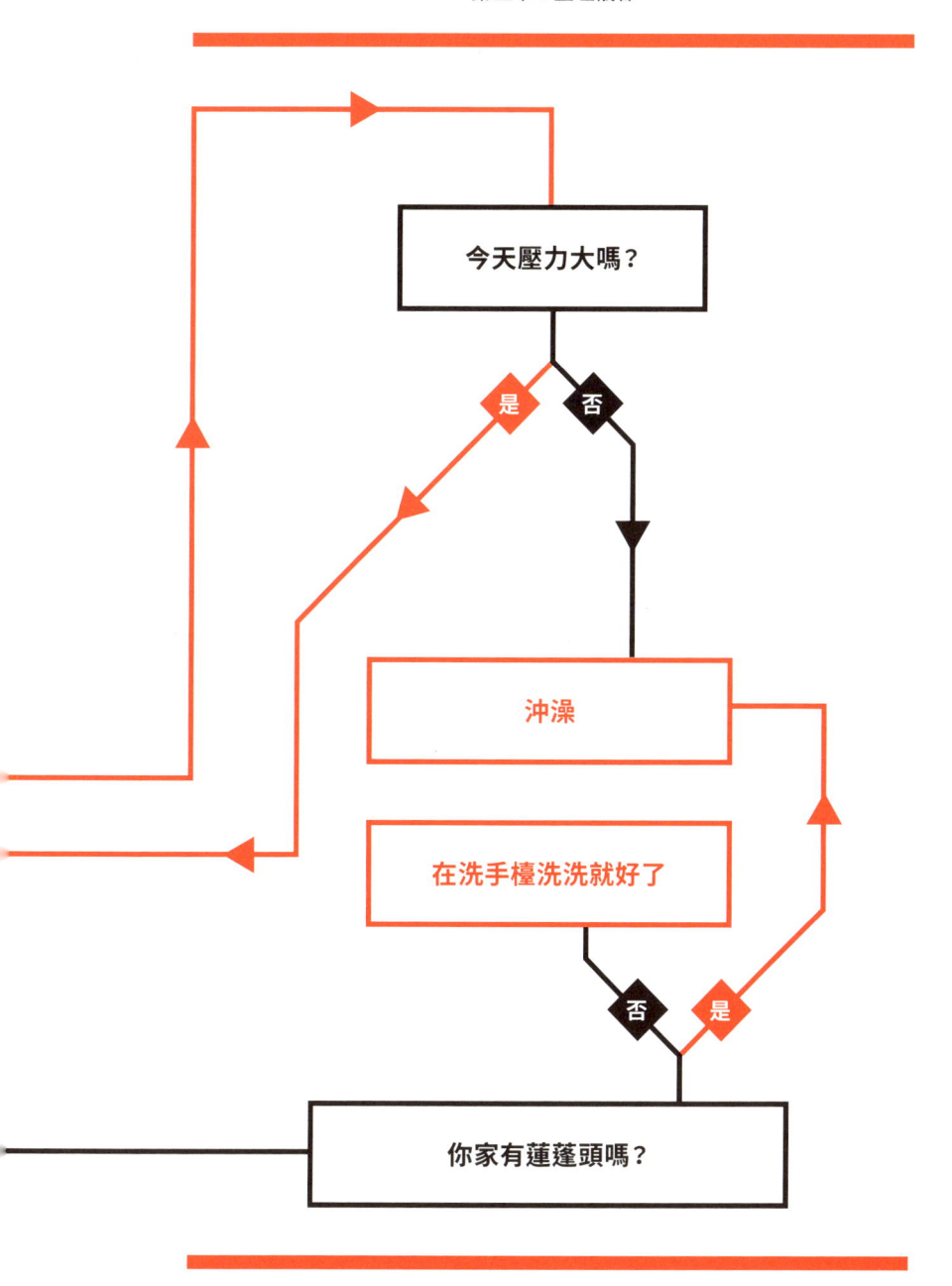

第五章：整理儀容

```
今天壓力大嗎？
  是 / 否
   ↓(否)
  沖澡
   
  在洗手檯洗洗就好了
   ↓
  你家有蓮蓬頭嗎？
  否 / 是
```

95

當你默默把手伸進口袋,
確認手機還在……

溫馨提醒
你已經讀到一半了,記得放下手機,
專心閱讀。

第六章：對話

Chapter 6
Conversations

圖解大人生存指南

對話

Conversations

跟其他大人說話可不容易,他們動不動就要聊一些讓你滿頭問號的話題,還會用到「二分法」、「誇飾法」之類的花俏字眼。你是不是不太懂他們到底在說什麼呀?

不管是在辦公室、家裡或在外頭,你都無法逃避問題──大人就是會找你說話,你總不能一輩子都盯著地板,假裝沒聽到人家在說什麼吧。

你是走哪條路過來的?

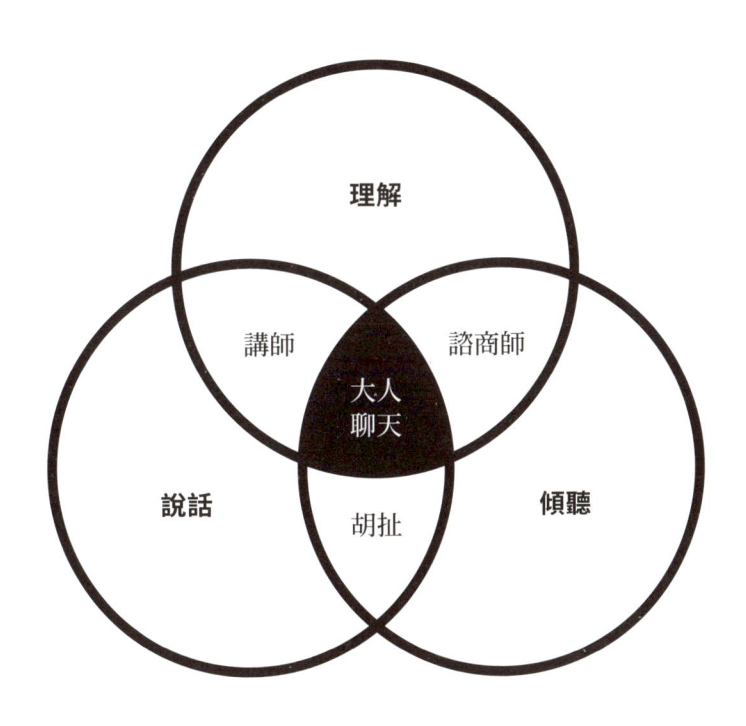

第六章：對話

理解

講師　　諮商師

大人
聊天

說話　　　　傾聽

胡扯

尬聊

嗨，你好嗎？我很好，謝謝。今天天氣很好呢！

以上都是可怕的尬聊。所謂的「尬聊」，就是跟我們不太認識也不太想認識的人小聊幾句，我們雖然很想叫他們滾蛋，可是不得不克制住衝動，不然就會顯得很沒禮貌。

我教你怎麼跟別人尬聊吧！盡量用開放式的問句，就是不能簡單用「對」或「不是」回答的問題。跟對方聊聊周遭環境、體育賽事，或是你們共同的興趣。就算你們聊著聊著沉默了，那也不用擔心，尷尬的沉默絕對沒有你想像中漫長！

第六章：對話

正確的尬聊	千萬不要
對對方的事情感興趣	盯著手機，偷偷罵髒話
保持眼神交流	盯著對方的眼睛，連續5分鐘都不眨眼
討論共同的興趣	大談你對自己後事的規劃
對天氣做出評論	評價對方邋遢的外表
用合適的方法打招呼	用中指跟人家打招呼
說「很高興認識你」	說「滾」

圖解大人生存指南

點頭 就好

JUST
NOD

點頭 就好

第六章：對話

要讓對方 知道 你有 在聽

TO LET THEM KNOW YOU ARE LISTENING

禮貌

你對別人有禮貌的時候,就是在展現自己的同理心,讓別人知道你多少能理解他們的感受,這是青少年或屁孩不具備的技能。禮貌的人可以適時使用「請」、「謝謝」、「抱歉」和「不好意思」這些詞語。你如果不太確定該怎麼說,那就在句子裡加個「不好意思」。

跟大人對話的時候,你要禮貌地關心對方的近況。你在問別人「你好嗎?」的時候,其實並不是要求對方提供資訊,所以如果有人問你好不好,你也不該提供真實的資訊給他們。說一句「我很好,謝謝關心」就夠了。

我該說「不好意思」嗎?

```
┌─────────────────────┐
│    你做錯事了嗎?    │
└─────────────────────┘
       ↓         ↓
       否        是
       ↓         ↓
   ┌─────────────────┐
   │  說「不好意思」  │
   │     就對了      │
   └─────────────────┘
```

第六章：對話

假裝禮貌地熬過漫長一天後ㄉME

禮貌

對一個缺乏大人技能的人來說，打電話給不認識的人會造成很大的壓力。你會不會說錯話？你的聲音會不會太尖銳？你會不會不小心叫對方「馬麻」？

很多人說什麼都不肯講電話，完全靠傳訊息或email跟別人溝通。可是作為大人，有時候你就是得咬牙拿起電話，達到清楚溝通、快速溝通的效果。

必要的話，你可以：

1. 事前演練
你想說什麼？
打這通電話想達到什麼目的？

2. 呼吸
深呼吸幾次，
讓自己冷靜下來。

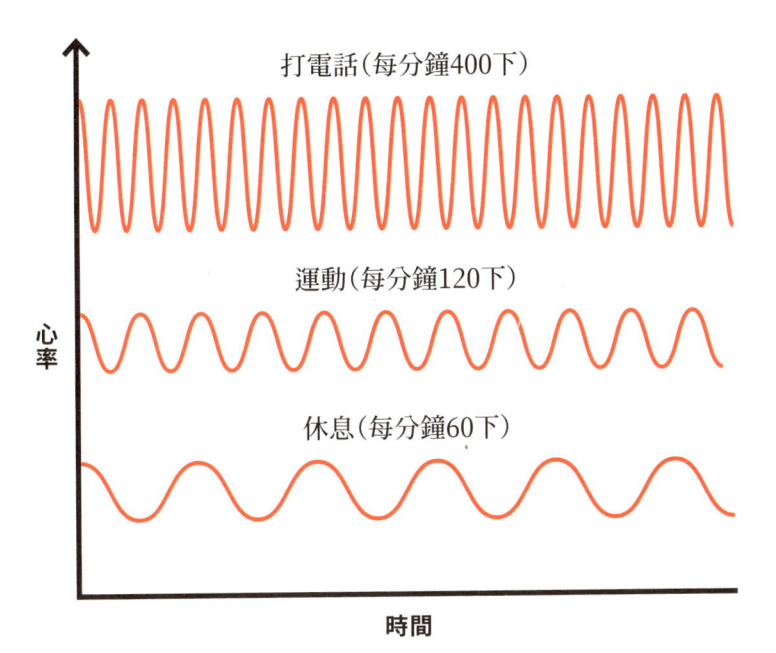

第六章：對話

打電話（每分鐘400下）

運動（每分鐘120下）

心率

休息（每分鐘60下）

時間

圖解大人生存指南

唬爛（別人）金句：我在 路上了

#1

I'M ON MY WAY

第六章：對話

唬爛（別人）金句：我 沒事

#2

I'M FINE

當你傳訊息給別人
他們卻用電話回你

傳訊息

傳訊息是一種非正式的聯絡管道,可以用來聯繫家人朋友,適合快速傳個小提醒或更新近況。別用訊息跟別人正式溝通,也千萬別用訊息傳達壞消息(例如:「兄弟你阿嬤GG惹」)。

在傳訊息的時候,記得注意這2點:

1. 確認對方是正確的人

要是不小心把裸照傳到你媽那裡,你差不多已經社死了。

2. 確認你沒打錯字

要是「六點」打成「露點」,那結果可能很搞笑。

我該打電話還是傳訊息?

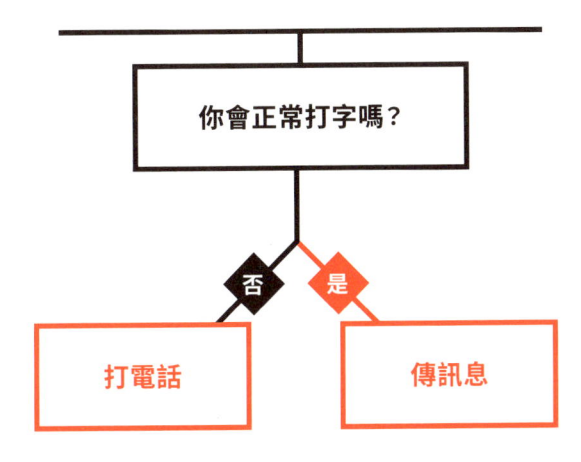

```
          你會正常打字嗎?
             /    \
           否      是
           /        \
        打電話      傳訊息
```

第八章：財務

Chapter 8
Finances

財務

Finances

當你連26個英文字母都得唱歌才背得出來,真的有能力做財務決策嗎?

財務、貸款和退休金就像量子物理一樣讓人滿頭問號,還是交給專家去研究就好。話雖這樣說,你還是得多少認識一下大人生活中會用到的一些財務觀念。

全部買起來?

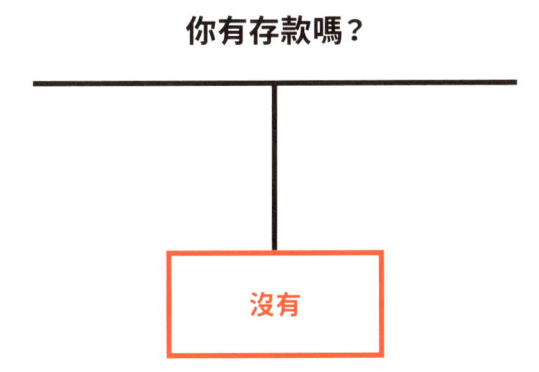

第八章：財務

你有存款嗎？

沒有

撐到下一個發薪日

預算對大人來說很重要，你得規劃好一個月的支出，不要突然花大錢，免得在下一次領薪水之前只能天天吃土。錢包空空的時候，你會開發出一些非常有創意的料理技能，設法存活下去。教你一個小技巧：把一些填料和肉汁粉煮成大雜燴，可以做出美味的雙人餐。

原則上，你應該把薪水的50%用在需要的支出，30%買你想要的東西，剩下20%儲蓄起來。

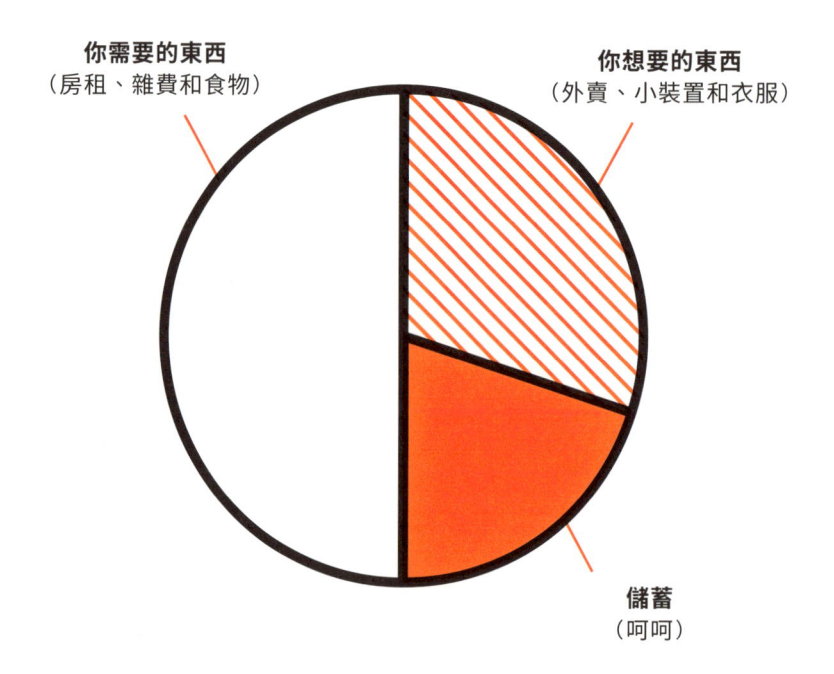

你需要的東西
（房租、雜費和食物）

你想要的東西
（外賣、小裝置和衣服）

儲蓄
（呵呵）

圖➡解➡大➡人➡生➡存➡指➡南
How to Adult: An Illustrated Guide

♦ **隨書贈「ㄎㄧㄤ掉的大人」精美貼紙**

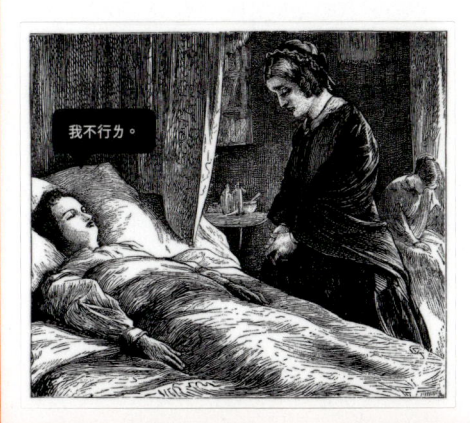

我不要。

嗚嗚我不行……

嘖，算了。

我豪興奮啊！

我不行ㄌ。

好想躺平。

時報出版

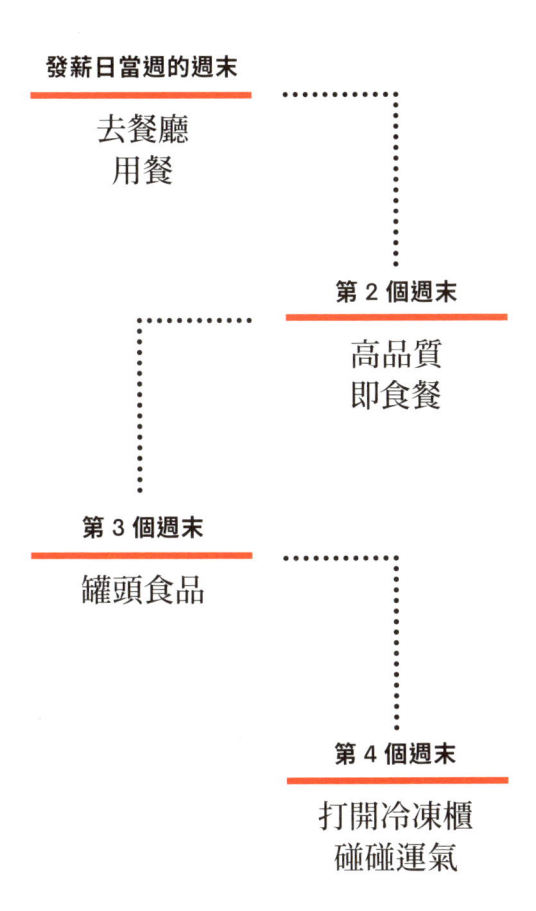

第八章：財務

發薪日當週的週末
去餐廳
用餐

第 2 個週末
高品質
即食餐

第 3 個週末
罐頭食品

第 4 個週末
打開冷凍櫃
碰碰運氣

發薪日當週

第八章：財務

那個月剩下的日子

付帳單

你之所以工作,就是為了要賺錢支付各種帳單,受人敬重。所以你千萬別小看這些帳單。就算無視它們,它們也不會憑空消失的喔。

做好正確的預算規劃以後,你就可以在期限內完成繳費,繳費後的餘額也不會只剩兩位數。恭喜,你下半個月不用吃土了!

最好養成檢查帳單和收據的習慣,因為有些公司會偷偷加一些莫名其妙的款項,或是要你出錢買一些很多餘的服務。

第八章：財務

大人的繳費模式

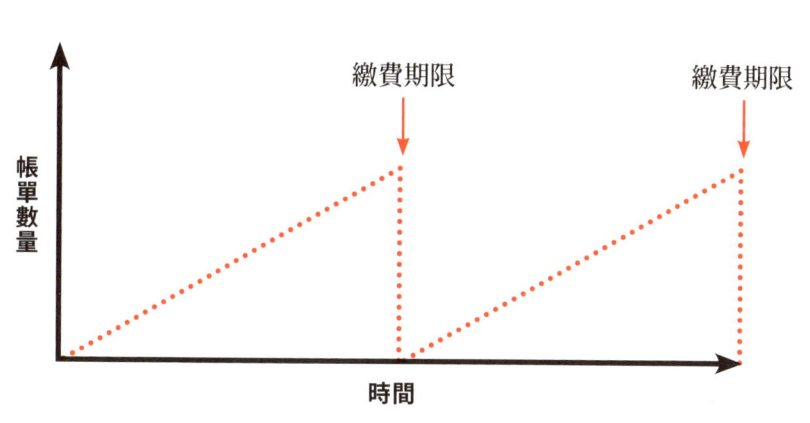

縱軸：帳單數量
橫軸：時間
繳費期限　繳費期限

屁孩的繳費模式

縱軸：帳單數量
橫軸：時間
繳費期限　繳費期限

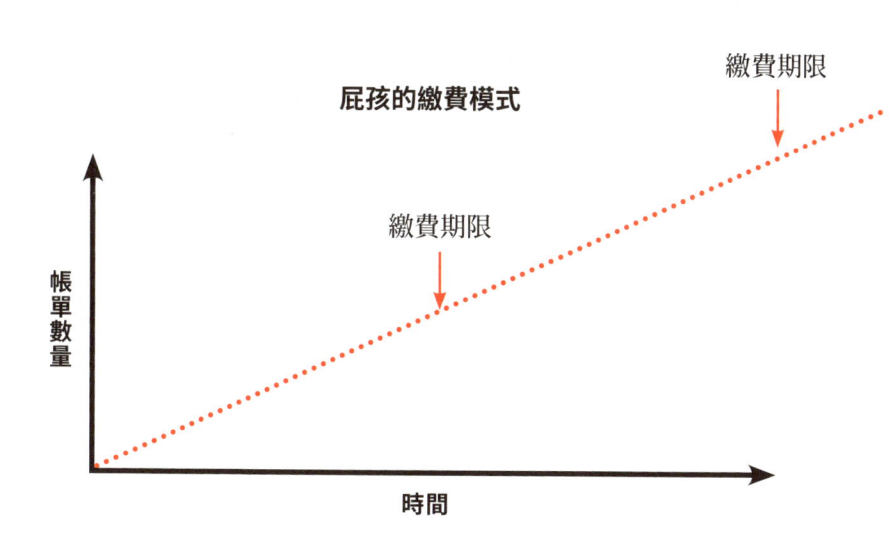

圖解大人生存指南

金錢 並不能帶給你快樂……

MONEY DOESN'T MAKE YOU HAPPY...

第八章：財務

但 在豪宅裡哭哭 還是比較爽

BUT IT IS MORE COMFORTABLE CRYING IN A MANSION

抵押貸款和退休金

到了某個年紀，你可能得考慮一下貸款和退休金的問題。在瞭解它們兩個是怎麼回事以後，你可以看情況做一些財務規劃。

如果去找財務顧問諮詢，他們一定會幫你算得清清楚楚，告訴你：如果你繼續照目前的儲蓄計畫存退休金，那等你退休以後，可以舒舒服服地過活……然後13分鐘過後，你就會舒舒服服地住進債務人監獄。所以，祝你好運囉～

總之！越早開始儲蓄越好。

> 我還在等退休金出現。

第八章：財務

金融術語	這是啥？
退休金	你給銀行錢，希望銀行未來會還給你（外加利息）
貸款	銀行給你錢，希望你未來會還給銀行（外加利息）
人壽保險（身故保險金）	你要是被公車撞死，銀行會給你的家屬錢
人壽保險（祝壽保險金）	你要是沒被公車撞死，銀行會給你錢
股票和股份	一些虛構的錢被人轉來轉去。這東西你不懂，得穿上細條紋西裝加紅色褲帶才有辦法理解。

做財務決策

到了某個年紀,你可能得考慮一下貸款和退休金的問題。在瞭解它們兩個是怎麼回事以後,你可以看情況做一些財務規劃。

如果去找財務顧問諮詢,他們一定會幫你算得清清楚楚,告訴你:如果你繼續照目前的儲蓄計畫存退休金,那等你退休以後,可以舒舒服服地過活……然後13分鐘過後,你就會舒舒服服地住進債務人監獄。所以,祝你好運囉～

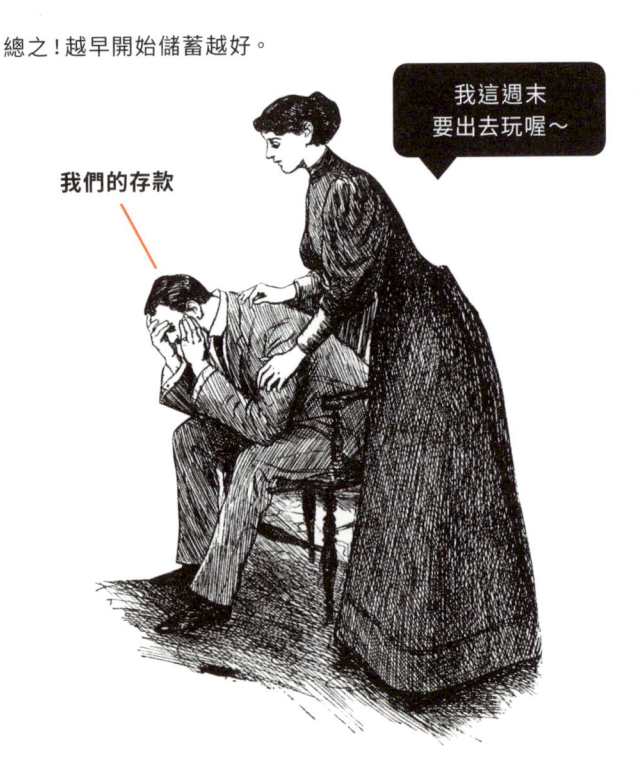

總之!越早開始儲蓄越好。

我們的存款

> 我這週末要出去玩喔～

第八章：財務

你需要這個酷東西嗎？

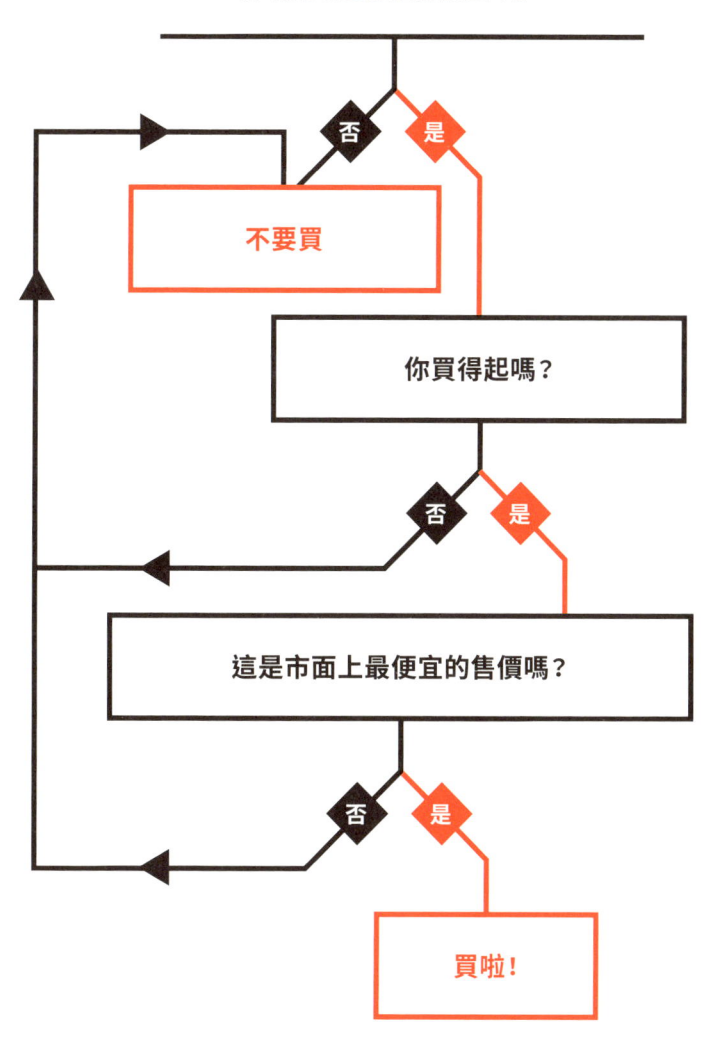

否 → 不要買

是 ↓

你買得起嗎？

否 → 不要買

是 ↓

這是市面上最便宜的售價嗎？

否 → 不要買

是 ↓

買啦！

第九章：食物

Chapter 9
Food

食物
Food

大人都會在固定的時間吃營養均衡的餐點,不會半夜2點吃魚條三明治,或是午餐吃麥片牛奶。合理又均衡的飲食可是大人生活的關鍵部分。這邊先說了,巧克力並不能當早餐吃。

就從多吃青菜、少吃裹了麵衣的食物開始吧。來,好好跟甜菜打招呼,跟茄子親近親近。

> 店裡沒賣牛肝菌燉飯,
> 所以我全部都換成吐司了。

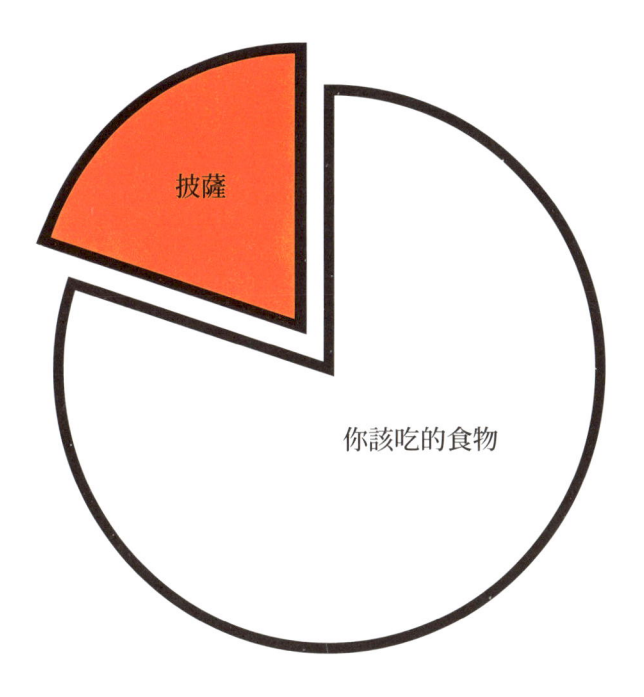

第九章：食物

披薩

你該吃的食物

共餐

和別人共餐的時候,最好要冷靜又克制地吃飯,盡量別發出噪音,也盡量別吃得到處都是。

假如你在辦公室拿出便當,就發現同事們全都一溜煙逃了,那很可能表示你在用餐這方面還得加強。你如果吃飯動不動就發出一堆「吸溜」、「呸呸」聲,而且還控制不住聲音,那跟別人吃飯的時候還是盡量別點麵和湯吧!

各種義大利麵的「大人等級」

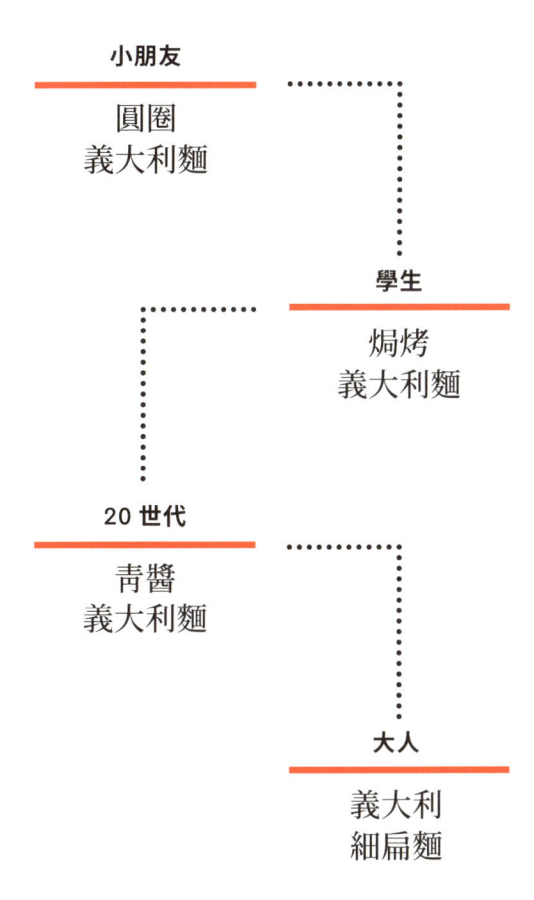

小朋友
圓圈義大利麵

學生
焗烤義大利麵

20 世代
青醬義大利麵

大人
義大利細扁麵

晚餐會

大人有時會辦晚餐會,邀請一些自己私底下很嫌惡的朋友晚上來家裡,一起有節制地喝酒,還有吃些看起來就很假掰的食物。

辦晚餐會

在規劃晚餐菜單的時候,盡量選一些不會讓你整晚都在廚房裡忙碌的菜餚——除非你真的很討厭今天的客人。(如果你真的很受不了他們,那廚房就是絕佳的藏身處。)

準備3道菜,每一道都要做得精緻,千萬別拿微波食品或罐頭敷衍客人。甜點可以買現成的,但你要用刀把邊緣切得醜一點,讓人以為這是你自己做的。

不要客人都還沒來,主人自己就先喝醉了。

第九章：食物

這叫水果

參加晚餐會

記得帶禮物，可是禮物要挑一下。鮮花雖然漂亮，不過主人還得特地找個花瓶來裝，太麻煩了。送酒就保險多了，但如果主餐是魚肉，你卻帶了紅酒過來，大家可能會覺得你腦子進水了。別帶一大瓶超濃蘋果酒或烈酒——你又不是剛在外面喝了好幾輪之後接著續下一攤。

主人準備什麼食物你就吃下去，不要在那邊意見一堆。你如果有什麼飲食禁忌，要事前跟主人說一聲。假如今晚一道菜是生牛肉塔，你實在不怎麼喜歡，那還是請你努力擠出微笑。這一餐才剛開始呢！

用餐時選一些輕鬆又得體的話題，沒人想聽你抱怨工作、抱怨生殖器長顆疣，更沒人想聽你抱怨在治療生殖器疣的診所上班的可怕故事。

圖解大人生存指南

多吃一些 **綠色食物**

EAT MORE GREENS

第九章：食物

少吃一些 褐色食物

EAT LESS BEIGE

甜點與責任的相關性

吃太多甜食就是一個人不夠「大人」的指標。屁孩覺得每一餐都該有甜點,但隨著你長大獨立、開始承擔責任,你對甜點的依賴度就會慢慢降低。不過當你年紀大了,開始不用為那麼多事情負責了,那又可以餐餐都吃甜點囉!

小時候,大人都跟我們說水果和優格就是甜點,可是我們心裡清楚得很,那些不過是甜點上面的小裝飾而已。現在既然你是大人了,就得自己決定什麼時候吃真正的甜點,什麼時候吃水果。

> 我每天吃5份蔬果,水果是其中1份。剩下4份都是巧克力蛋糕。

第九章：食物

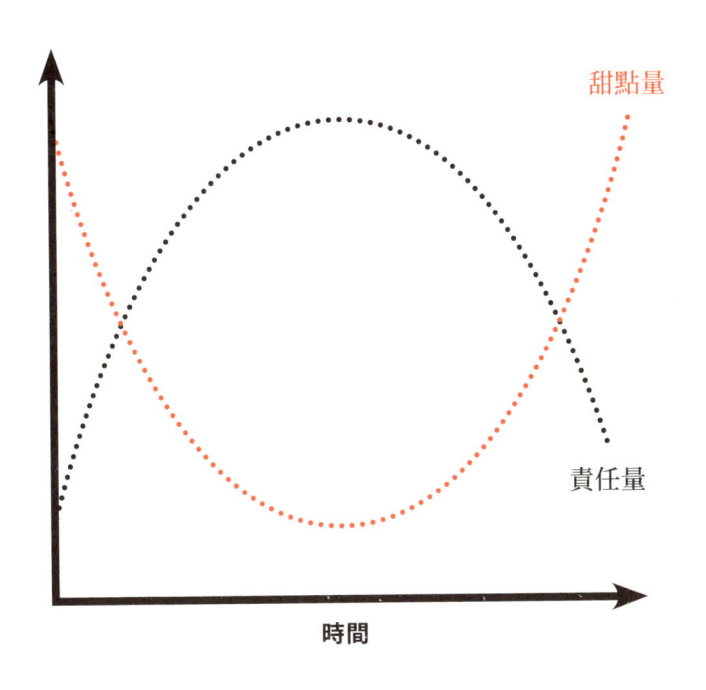

甜點量

責任量

時間

我該吃甜點嗎？

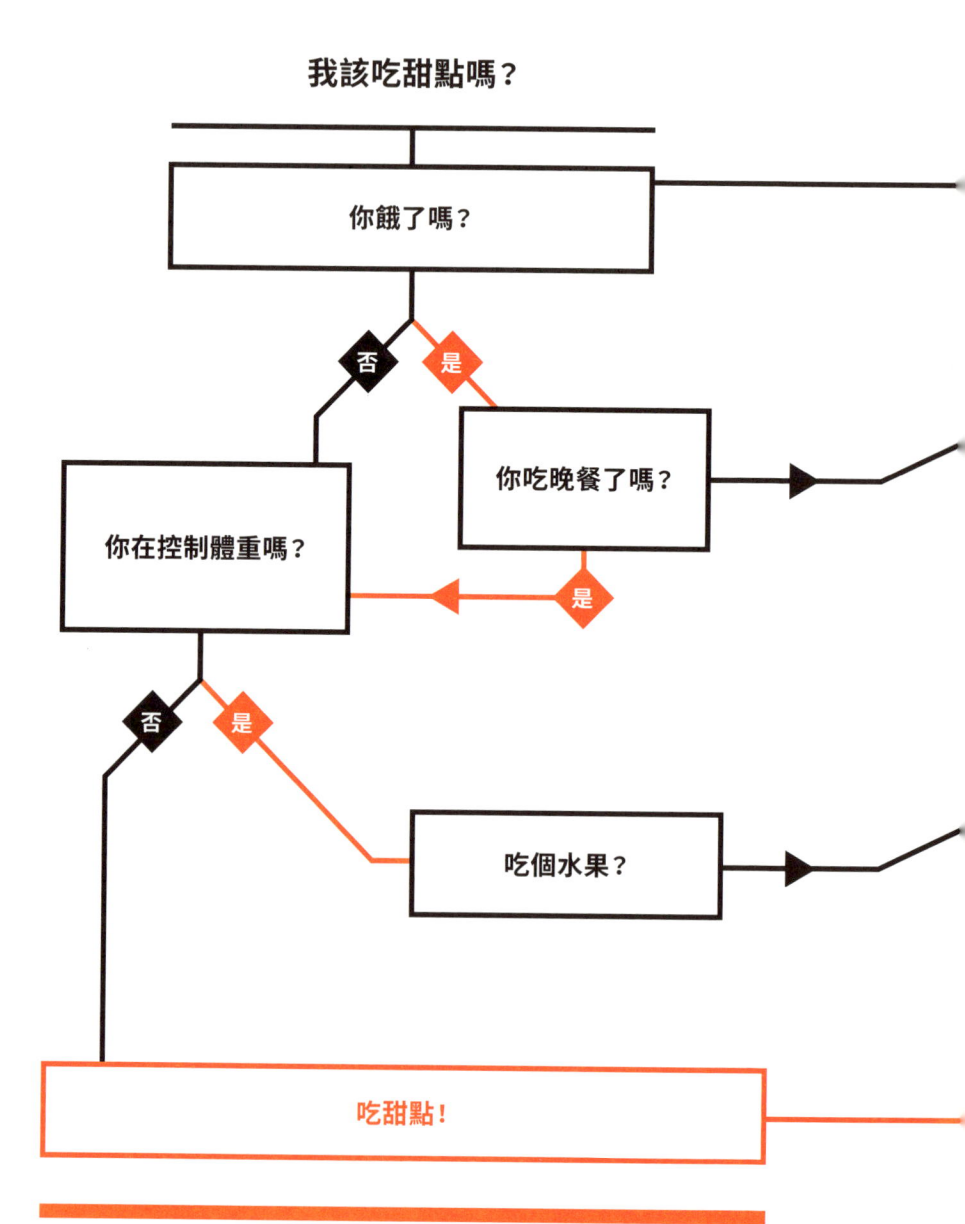

- 你餓了嗎？
  - 否 → 你在控制體重嗎？
    - 否 → 吃甜點！
    - 是 → 吃個水果？
  - 是 → 你吃晚餐了嗎？
    - 是 → 你在控制體重嗎？

第九章：食物

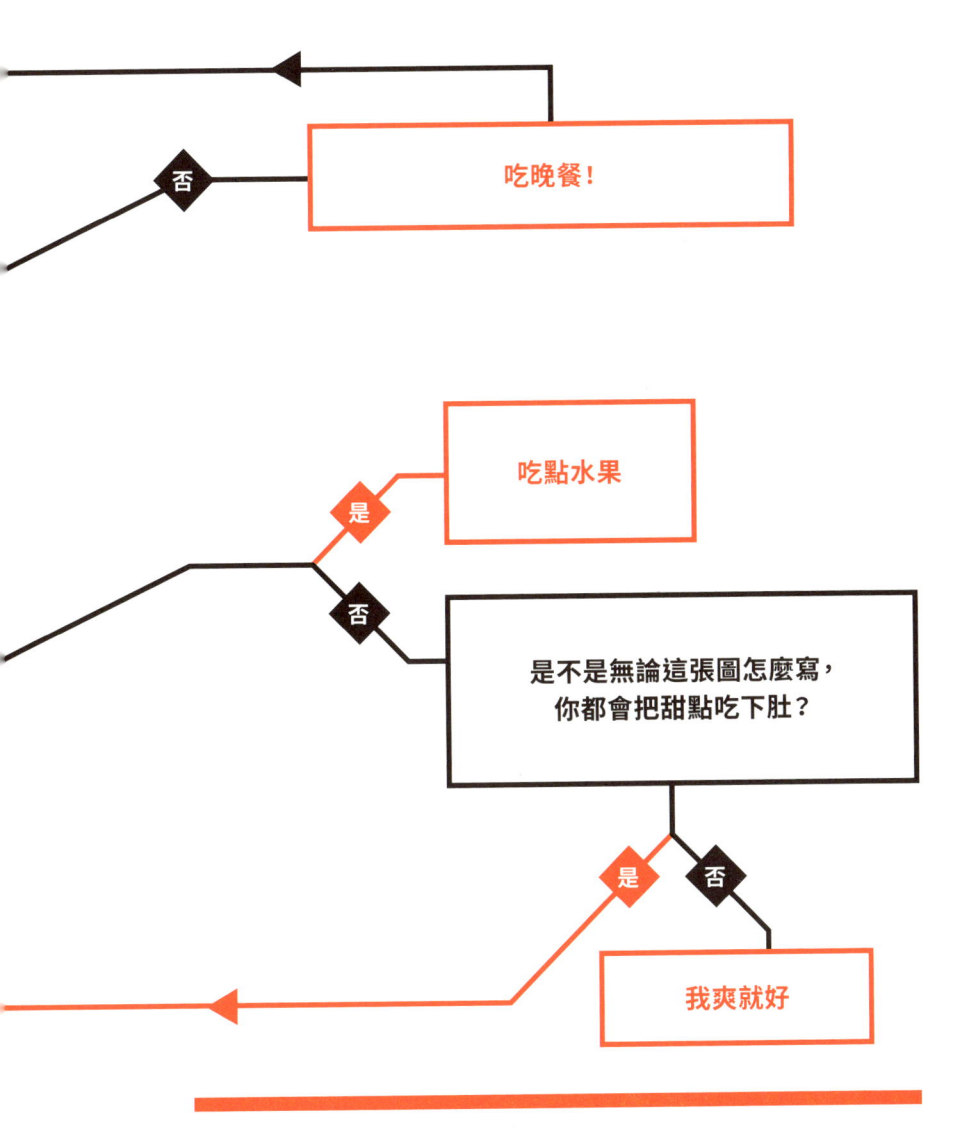

否 → 吃晚餐！

是 → 吃點水果

否 → 是不是無論這張圖怎麼寫，你都會把甜點吃下肚？

是 / 否

我爽就好

143

圖解大人生存指南

ME：明天再開始 減肥

THE DIET STARTS TOMORROW

第九章：食物

也是ME：**蛋糕** 不吃白不吃 對吧？

CAKE ISN'T GOING TO EAT ITSELF, IS IT?

健康飲食

均衡飲食就是字面上的意思,就叫你均衡了,反正吃什麼都要節制。如果你想減肥,那別隨便跟風吃些奇奇怪怪的減肥餐,只要稍微少吃一點、多動一些就好了。

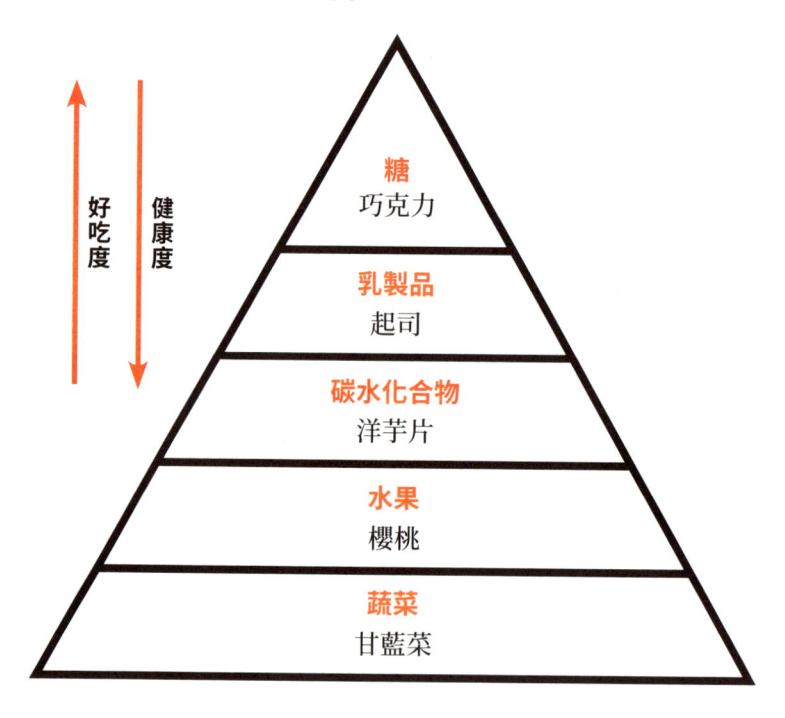

好吃度 ↑ / 健康度 ↓

- 糖
  巧克力
- 乳製品
  起司
- 碳水化合物
  洋芋片
- 水果
  櫻桃
- 蔬菜
  甘藍菜

要是你看到上面這張圖表,腦子裡冒出的想法是「這下我得天天吃甘藍櫻桃鍋了」……那就表示你該去看幾本食譜,短時間內別再碰起司洋芋片了。

第九章：食物

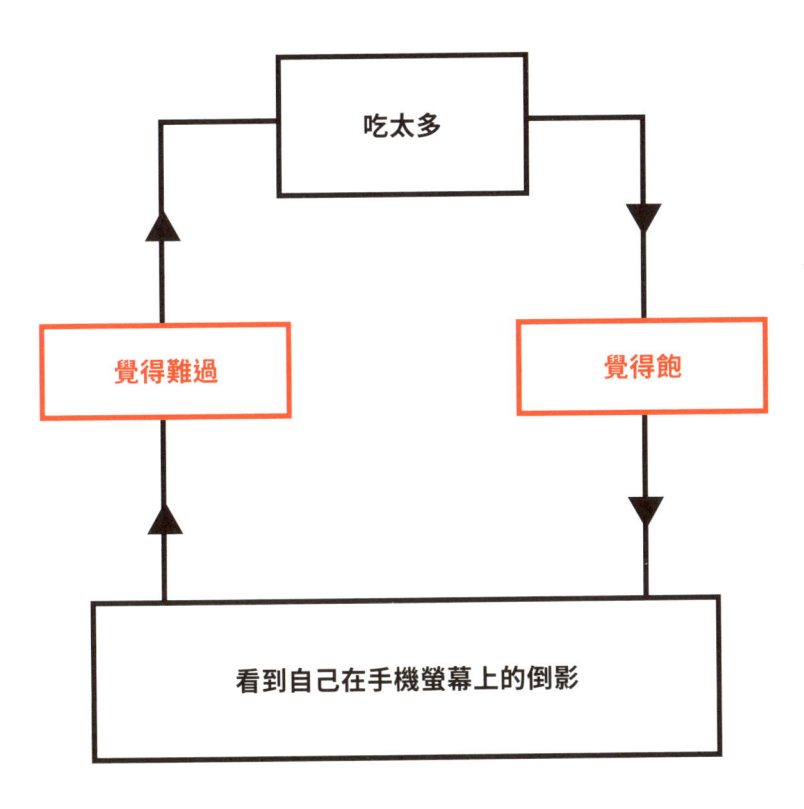

```
        ┌─────────┐
        │  吃太多  │
        └─────────┘
         ↑       ↓
┌─────────┐   ┌─────────┐
│ 覺得難過 │   │  覺得飽  │
└─────────┘   └─────────┘
    ↑             ↓
┌───────────────────────────┐
│  看到自己在手機螢幕上的倒影  │
└───────────────────────────┘
```

我該叫外送嗎？

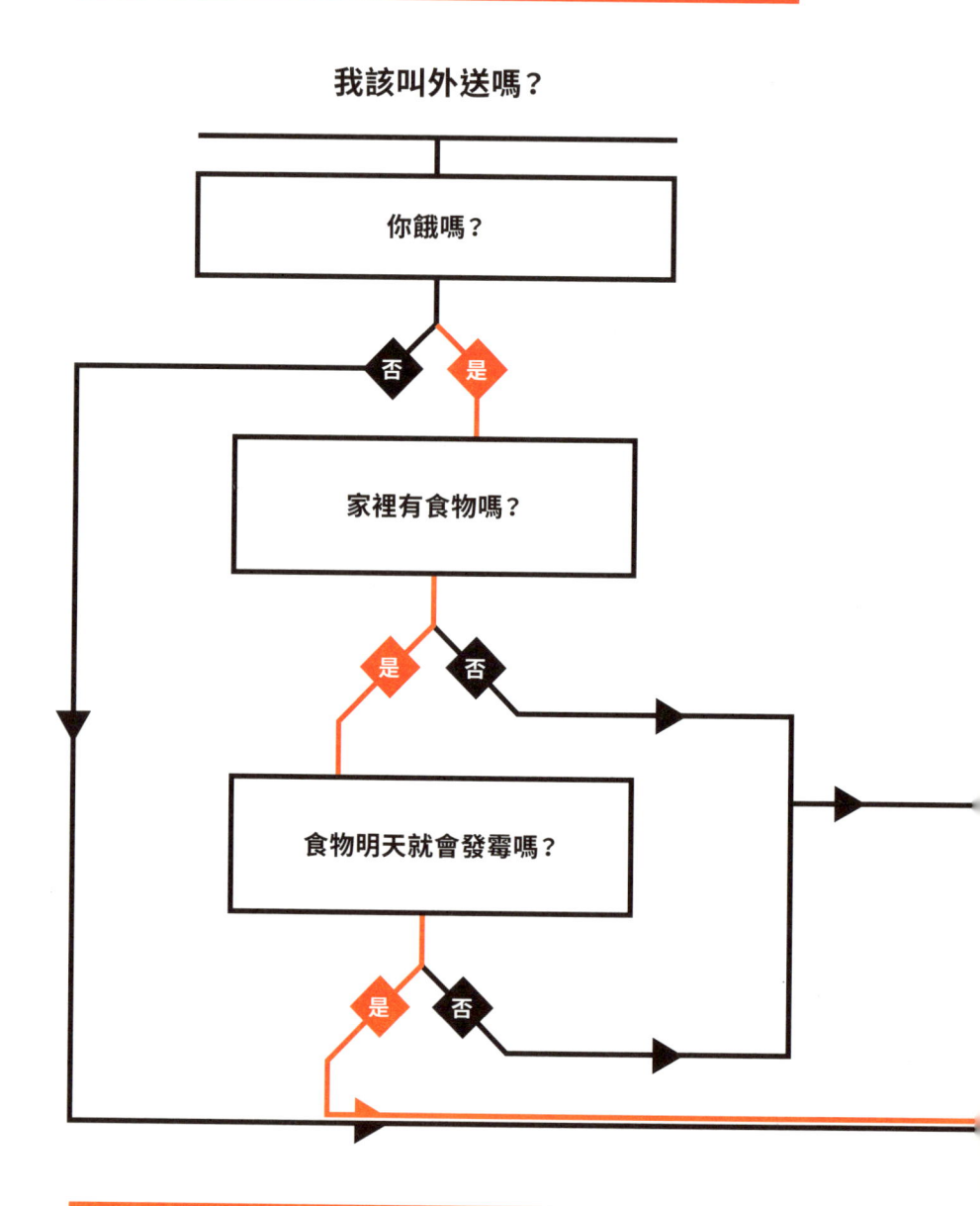

- 你餓嗎？
  - 否 →（離開）
  - 是 → 家裡有食物嗎？
    - 是 → 食物明天就會發霉嗎？
      - 是 →（吃家裡的食物）
      - 否 →（叫外送）
    - 否 →（叫外送）

第九章：食物

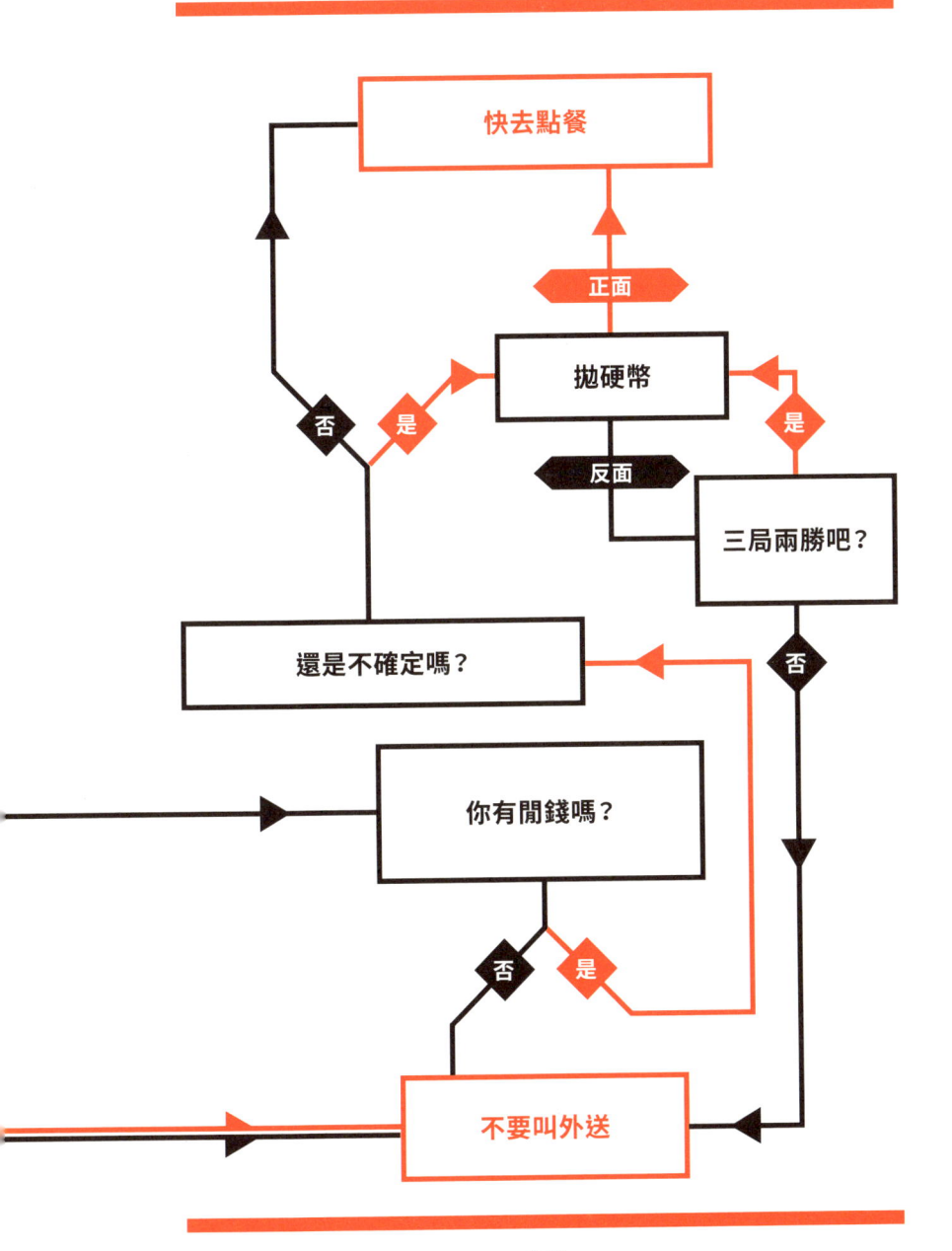

```
                    ┌──────────────┐
                    │   快去點餐    │
                    └──────────────┘
                       ▲        ▲
                       │       正面
                       否       │
                       │   ┌──────────┐
                       │ 是│  拋硬幣   │是
                       ├──▶└──────────┘◀──┐
                       │       │          │
                       │      反面         │
                       │       ▼          │
                       │   ┌──────────┐   │
                       │   │三局兩勝吧？│───┘
                       │   └──────────┘
                       │        │
                  ┌────────────┐ 否
                  │還是不確定嗎？│◀──┐
                  └────────────┘    │
                       ▲            │
                       │            │
                  ┌────────────┐    │
               ──▶│你有閒錢嗎？ │    │
                  └────────────┘    │
                       │            │
                    否 │ 是          │
                       ▼ ▼          │
                  ┌────────────┐    │
               ──▶│ 不要叫外送  │◀───┘
                  └────────────┘
```

第十章：酒

Chapter 10
Drink

酒
Drink

大人懂得鑑賞葡萄酒、啜飲幾口高級白蘭地。你如果想用最快的速度證明自己是屁孩,那就大口把酒喝乾,加點一堆Shot(烈酒杯),最後在回家的計程車上膀胱失禁。

大人會假裝自己只在週末喝酒,而且是下午5點以後才開喝。他們用酒精排解日常生活的煩惱,可是要找到平衡點,定期喝、少量喝。他們自稱不會喝到變成酗酒,但卻和酒類專賣店的老闆聊得很開。

你「倒一小杯」的真實畫面

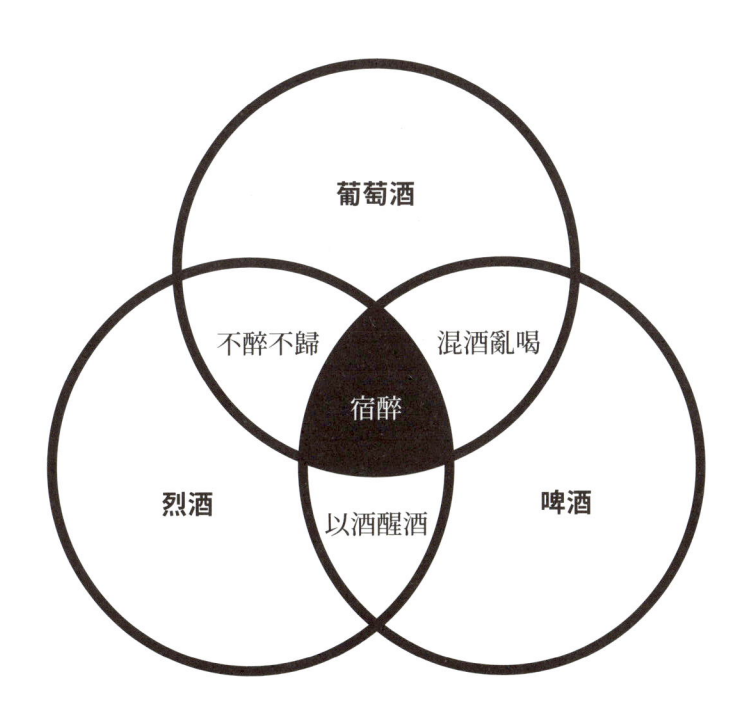

第十章：酒

葡萄酒

不醉不歸　　混酒亂喝

宿醉

烈酒　　以酒醒酒　　啤酒

時間

大人常常用「酒名＋時間」這種說法，半開玩笑地表示自己對酒精的依賴。不管在英國任何地方，只要到了星期五下午4點，你都能聽到別人吶喊：「快到葡萄酒時間（wine o'clock）了！」或是：「琴酒時間快來呀！」很搞笑吧！

這些人真正的意思是，他們就快要可以拖著身體回家，邊看週五晚間電視節目，邊開一瓶酒然後喝光光。

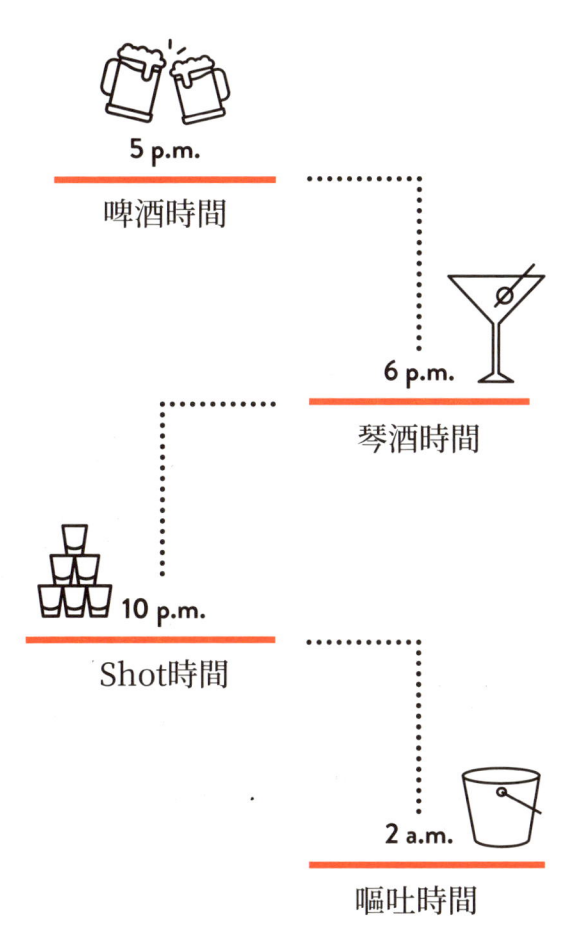

第十章：酒

5 p.m.
啤酒時間

6 p.m.
琴酒時間

10 p.m.
Shot時間

2 a.m.
嘔吐時間

圖解大人生存指南

唬爛金句：今晚 會比較 節制

#5

JUST A QUIET ONE TONIGHT

第十章：酒

唬爛金句：我 再也 不喝酒了

#6

I'M NEVER DRINKING AGAIN

假裝愛喝葡萄酒

很多大人都假裝自己很懂葡萄酒，還有更多人假裝自己很愛喝。你看大家那麼愛喝義大利氣泡酒，再仔細看看它這種酒——這不就是液態的汽水冰棒嗎？可見大家其實都在假正經，明明一個個都是屁孩。

跟你說，大人可以用葡萄酒搭配食物，這種做法很棒喔！簡單來說，白酒可以配魚類這種比較精緻的餐點，紅酒則是配肉排、咖哩這些重口味料理。千萬別用粉紅酒搭配食物，正港的大人可是絕對不碰那個鬼東西的。

> 我喝到炭、夏夜佐成熟莓果和燈芯絨的味道。

> 我喝到ㄎㄧㄤ了。

第十章：酒

不同年齡層喝的酒類

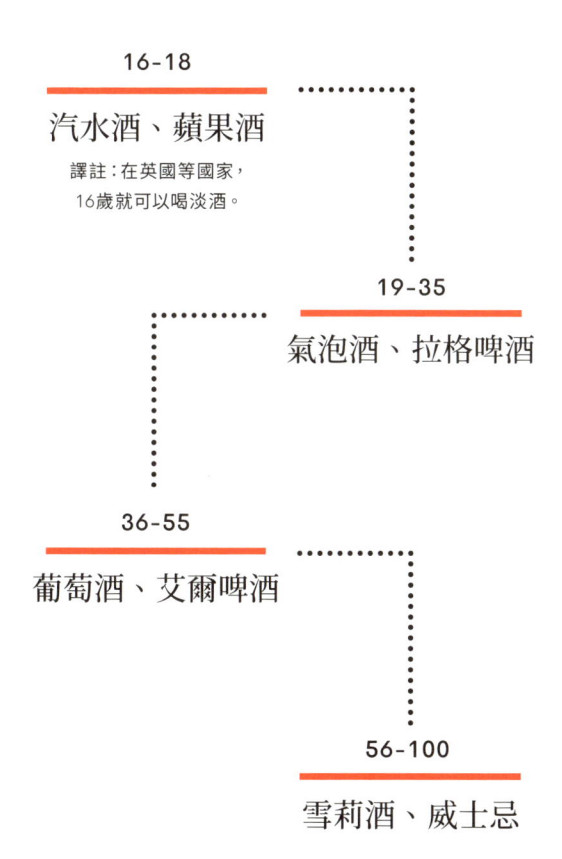

16-18
汽水酒、蘋果酒
譯註：在英國等國家，16歲就可以喝淡酒。

19-35
氣泡酒、拉格啤酒

36-55
葡萄酒、艾爾啤酒

56-100
雪莉酒、威士忌

義大利酒單上寫的葡萄酒是	真正的意思是
年份酒 (vintage)	它不是真的老酒,可是「很」貴。釀年份酒用的葡萄,都是在同一年採的。
單寧 (tannin)	紅酒裡頭讓你嘴巴澀澀乾乾的味道。
風土 (terroir)	一種「地方感」,表示葡萄的產地、氣候和土壤類型。反正就是別人瞎掰的一種東西,給那些錢比腦細胞多的人看的。
乾 (dry)	別擔心,酒還是濕的,只是喝起來很「乾澀」而已。
13% Alc/Vol	表示這瓶酒的酒精濃度。你如果喝到酒精濃度太高的葡萄酒(超過14%),那就等著牙齒變紫、頭痛到炸裂吧。

點酒

你看到餐廳的酒單通常會覺得好怕怕，上面怎麼都是一些看不懂的字，還有你這輩子從來沒見過的專有名詞。一般來說，大人會先決定自己要喝紅酒還是白酒，然後點那一類當中第二便宜的那一瓶就對了。要是點了最便宜的，人家會覺得你太摳，可是點貴的酒又太冒險了。

酒送上來的時候，你先試喝看看，但就算覺得好喝也別讚美服務生。酒又不是服務生釀的，他們只是在等你確認這瓶酒有沒有受軟木塞汙染變質而已。變質的酒聞起來和喝起來都超噁心。

> 我想……你的屁屁大概也「變質」了。

節制飲酒和保持尊嚴

如果你今天打算喝超過建議的每日飲酒量,那千萬記得在開喝前先吃東西墊胃。先把胃填滿了,就可以減緩你吸收酒精的速度。

而且,你要是先喝了再吃,那就更有可能半夜在那邊吃速食,然後全部吐出來,最後昏倒在自己的一灘嘔吐物裡。你喝得越多,就越難下定決心洗洗睡,因為這時候你已經喝茫了,怎麼可能正常做決定。

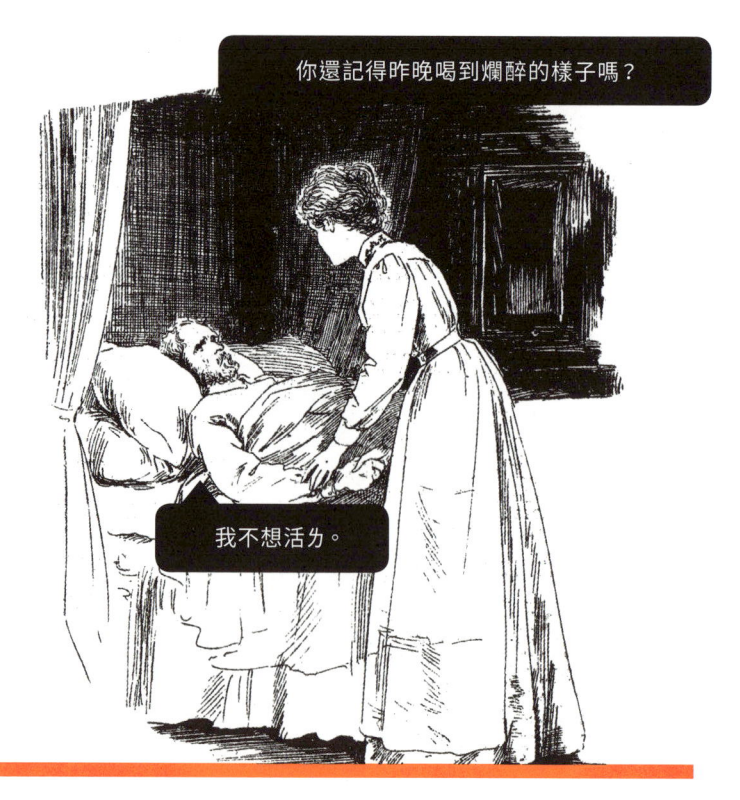

第十章：酒

別說	改說
來喝Shot吧！	要不要來杯睡前酒？
走，去吃烤肉串！	要不要配點起司加餅乾？
我要吐了	我有點醉，先不喝了
一口乾啦！	這種酒真的很適合大口喝呢！
夜店開到凌晨4點，我們ㄊㄇ的去嗨爆	我明天早上6:30預約了超市送貨，今晚恐怕得早點回去了

圖解大人生存指南

先葡萄酒 再喝 啤酒

WINE BEFORE BEER

媽呀

第十章：酒

先啤酒 再喝 葡萄酒

BEER
BEFORE
WINE

愉快*

*免責聲明：並沒有

宿醉

喝酒必然的結果就是宿醉,而且你年紀越大,宿醉就越嚴重。一個21歲的人宿醉了,可能會有點頭痛不舒服,心裡覺得有一點點後悔。一個31歲的人宿醉了,就會體驗到爆表的痛苦,渴望死亡的懷抱,還會產生深深的愧疚感。

在你宿醉的時候,可以試著用這些方法解決:

1. 補充水分和營養,多休息

多喝水、睡覺和吃些健康的東西(如果吃了不會馬上吐出來的話)。你的身體現在需要水分、糖類和休息。

2. 以毒攻毒

(英國俚語叫做:狗毛解醉酒)
繼續喝,反正繼續醉就不會宿醉了。我當然很不建議這個選項。

3. 一開始就不要喝那麼多嘛

這才是終極解法,可是也最難達成。

> 我長了狗毛,連臉也變成狗臉了。

解宿醉的飲料

阿斯匹靈

水、阿斯匹靈

草原生蠔

蛋黃、伍斯特辣醬、塔巴斯科辣椒醬

血腥瑪麗

番茄汁、伏特加、伍斯特辣醬、塔巴斯科辣椒醬

咖啡

咖啡

21歲,狂飲的隔天

第十章：酒

31歲，狂飲的隔天

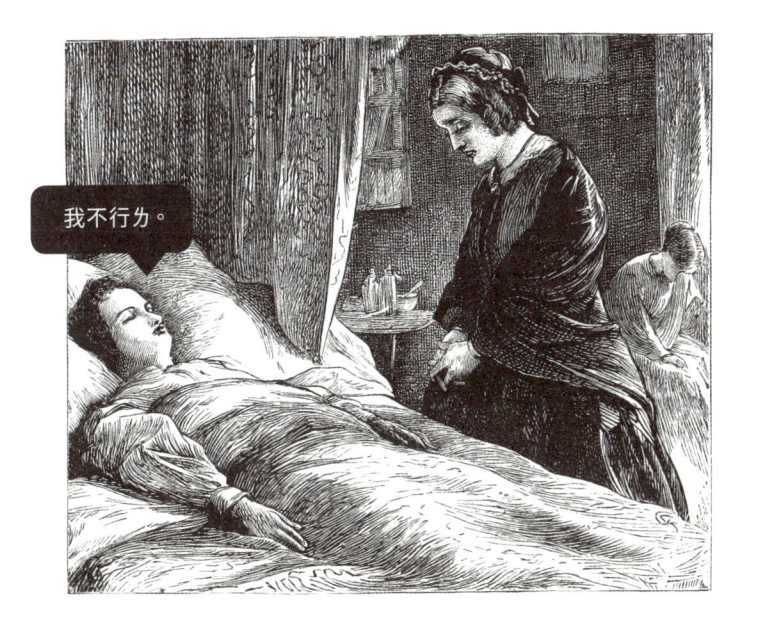

圖解大人生存指南

多喝水

DRINK MORE WATER

第十章：酒

少喝酒

DRINK LESS BOOZE

後記

Afterword

成功！

照著這本書的建議去做，你說不定有機會能當大人。

大家活在世界上，常常一回神就發現自己已經死在不知道哪裡的水溝裡了，所以你也要記得做些讓自己快樂的事，盡量別在當大人的過程中長大太多。就算是最大人的大人，心裡深處也是偷偷藏著屁孩的本性。真的。

後記

成功當了一天的大人過後

成就徽章

在成功當大人之後，記得給自己一點獎勵。把這些徽章剪下來，你每次當個好大人，就自豪地把它們貼在身上吧！

I GOT OUT OF BED
我有 起床！

我繳了帳單！
I PAID MY BILLS

I WAS POLITE
我真是 有禮貌！

I CLEANED A THING!
我打掃了一點點！

後記

圖解大人生存指南

大人說：活在當下

CARPE DIEM

「把握這一天」

後記

屁孩說：

YOLO

「人生只有一次」

(You only live once)

作者介紹

史蒂芬‧懷迪是《圖解髒話罵人指南》(How to Swear: An illustrated guide)（暫譯）的作者，也是個笨蛋……一個自己也幾乎算不上大人的笨蛋。他的建議你聽聽就好，不聽就算了。

史蒂芬曾在雪菲爾哈倫大學 (Sheffield Hallam University) 修習美術（學到了一些技能，結果一次都沒用過），現在在英國威爾特郡馬爾堡區經營設計工作室。

史蒂芬曾創下了100公尺布袋跳 (100m Sack Race) 世界紀錄，這項壯舉在2018年之前都沒人能超越。

銘謝

傑克‧阿諾特
Jake Allnutt

馬修‧克羅斯頓
Matthew Croston

丹‧葛利鮑斯
Dan Gleeballs

維莉蒂‧哈利戴
Verity Halliday

傑米‧斯戴普頓
Jamie Stapleton

蘇珊‧懷迪
Susan Wildish

所謂「當大人」,就是遇到不會做的事情,
趕快去問Google大神。

圖解大人生存指南/史蒂芬.懷迪(Stephen Wildish)著；朱崇旻譯. -- 初版. -- 臺北市：時報文化出版企業股份有限公司, 2025.02

192面；14.8×19.8公分. -- (人生顧問叢書；536)

譯自：How to adult : an illustrated guide

ISBN 978-626-396-727-4(平裝)

1.CST: 成人 2.CST: 生活方式

192.14   113012776

人生顧問 叢書 536

HOW TO ADULT: AN ILLUSTRATED GUIDE
圖解大人生存指南

●作者－史蒂芬‧懷迪(Stephen Wildish)　●譯者－朱崇旻　文字編輯－簡淑媛　●美術設計－平面室　●行銷企劃－鄭家謙　●副總編輯－王建偉　●董事長－趙政岷　●出版者－時報文化出版企業股份有限公司│108019台北市和平西路三段240號4樓│發行專線－(02)2306-6842│讀者服務專線－0800-231-705‧(02)2304-7103│讀者服務傳真－(02)2304-6858│郵撥－19344724時報文化出版公司│信箱－10899台北華江橋郵局第99信箱　●時報悅讀網－http://www.readingtimes.com.tw　●電子郵件信箱－ctliving@readingtimes.com.tw　●藝術設計線FB－http://www.facebook.com/art.design.readingtimes‧IG－art_design_readingtimes　●法律顧問－理律法律事務所│陳長文律師、李念祖律師　●印刷－勁達印刷有限公司　●初版一刷－2025年2月21日　●定價－新台幣380元　●版權所有 翻印必究(缺頁或破損的書，請寄回更換)　●ISBN 978-626-396-727-4　●Printed in Taiwan

HOW TO ADULT: AN ILLUSTRATED GUIDE
by STEPHEN WILDISH

●Copyright ⓒ Steven Wildish, 2018 ●First published as HOW TO ADULT: AN ILLUSTRATED GUIDE in 2018 by Pop Press, an imprint of Ebury Publishing. Ebury Publishing is part of the Penguin Random House group of companies. ●This edition is arranged with Ebury Publishing ●through BIG APPLE AGENCY, INC. LABUAN, MALAYSIA. ●Traditional Chinese edition copyright: 2025 China Times Publishing Company ●All rights reserved.

時報文化出版公司成立於一九七五年，並於一九九九年股票上櫃公開發行，於二〇〇八年脫離中時集團非屬旺中，以「尊重智慧與創意的文化事業」為信念。